Geschichten, die Kinder entspannen lassen

Herausgegeben von Bernhard Schön und Dr. Horst Speichert

**Über den Autor** Der Diplompsychologe Volker Friebel bietet
seit Jahren Entspannungskurse für Kinder und Erwachsene an.
Zudem publizierte er bereits zahlreiche Bücher über Entspannungsübungen für Kinder.

**Illustrationen** Susanna zu Knyphausen, München

7. Auflage 2000

© 2000 Südwest Verlag, München
in der Econ Ullstein List Verlag GmbH & Co. KG, München

Alle Rechte vorbehalten

Nachdruck – auch auszugsweise – nur mit Genehmigung
des Verlages

**Redaktion** Ulrike Lutz, Bernhard Schön

**Layout/Satz** AVAK Publikationsdesign, München

**Herstellung** Manfred Metzger

**Druck und Bindung** Polygraf, Presov, Printed in Slowakei

Gedruckt auf chlor- und säurearmem Papier

ISBN 3-517-01616-0

*Volker Friebel • Susanna zu Knyphausen*

# Geschichten, die Kinder entspannen lassen

*Spielerisch Ausgeglichenheit und Konzentration fördern*

Südwest

# Inhalt

Vorwort . . . . . . . . . . . 6

## Entspannung für Kinder . 9

Zugangswege zur Entspannung . 12

Einsatzmöglichkeiten der
Entspannung . . . . . . . . . 15

Merksprüche . . . . . . . . . 16

Entspannungshaltungen . . . . . 18

Begleiterscheinungen . . . . . . 21

## Entspannung in der
## Drachenwelt . . . . . . . . 23

Der Drache Grünenstein . . . . . 24

Die Drachenkette . . . . . . . . 26

Entspannung für Grünenstein . . 29

Die Kraft der Gedanken . . . . . 32

Grünenstein besucht die Dame . 35

🎵 Mit Mut geht's gut . . . . . . 37

Grünenstein lernt Fäuste ballen . 38

Grünenstein schießt ein Tor . . . 42

🎵 Konzentriert geht's wie
geschmiert . . . . . . . . . . 45

Die zerfallene Stadt . . . . . . . 46

🎵 Tief innen ist alle
Kraft drinnen . . . . . . . . . 49

Bei den Muscheltauchern . . . . 50

🎵 Wenn ich will, wird alles still . 53

Das Piratenschiff . . . . . . . . 54

Die Kette der Kraft . . . . . . . 57

## Geschichten
## im Elfenreich . . . . . . . 63

Ruhe und konzentrative
Entspannung . . . . . . . . . 64

Die Insel der Ruhe . . . . . . . 67

Die Höhle am Berg . . . . . . . 69

Perlenmund . . . . . . . . . . 71

Der Elfenschlüssel . . . . . . . 74

Spuren von Mehl . . . . . . . . 78

🎵 Überlegen, dann sich regen . 80

Die alte und die junge Eiche . . . 82

Bauklötze schneiden . . . . . . . 84

🎵 Ich weiß, ich kann, ich
bleibe dran . . . . . . . . . . 87

Farbtöpfchen, füll dich! . . . . . 88

Am See . . . . . . . . . . . 91

Die goldene Erbse . . . . . . . 93

Die alte Fabrik . . . . . . . . . 96

Die Elfen und der Wollknäuel . . 99

Krankenbesuch der Elfe . . . . 102

## Geschichten von dem Kätzchen und dem kleinen Bären ....... 107

Bewegung und Entspannung .. 108
Kätzchen und der Wind ..... 110
Kleiner Bär will Spuren suchen . 112
Kätzchen und die gelben Monde 115
🎵 Ruhig und still geht's, wie ich will ............. 118
Kätzchen auf dem Jahrmarkt .. 119
Das Schneckenrennen ..... 121
Kätzchen in der Müllersmühle . 125
Überschwemmung am Biberdamm ......... 132
🎵 Ohne Anfang gibt's kein Ende, also spuck in deine Hände ... 136
Kätzchen spielt mit seinem Schatten ........ 137
Kleiner Bär folgt seinen Spuren 141

## Entspannung im Zauberwald ......... 147

Hexenmädchen, Kobolde und Zauberer .......... 148
Eine Koboldschachtel voll Perlen ........... 149
Schummelfix sucht Zauberkräuter ........ 152
Schummelfix hat Schulprobleme ........... 157
Der fliegende Teppich .... 160
In den Burglabors ....... 164
Auf der Tafelplatte ...... 169
Der Stein der Stille ...... 171

## Literatur ........... 176

🎵 = Merkspruch mit Noten

# Vorwort

Entspannung zu Hause zu lernen, darum geht es in diesem Buch. In den vielen Geschichten wird dem Kind vermittelt, was Entspannung ist, und ihm gezeigt, wie es Entspannung selbst anwenden kann. Gemeinsam mit dem Drachen Grünenstein und anderen Figuren fällt das leicht und macht Spaß. Die Geschichten können vorgelesen oder selber gelesen werden. Damit sich die Kinder gut entspannen können, ist aber das Vorlesen vorzuziehen. Anschließend sollte noch ein wenig über den Inhalt der Geschichten gesprochen werden, vor allem aber über Erlebnisse des Kindes mit der Entspannung.

Die beiden Kapitel „Geschichten im Elfenreich" und „Geschichten von dem Kätzchen und dem kleinen Bären" sind für jüngere Kinder gut geeignet. Denn dort wird Entspannung durch die Geschichten selbst hervorgerufen. In diese sind nämlich Entspannungsformeln (vegetative Entspannung und Achten auf den Atem) eingestreut, über die das Kind die Entspannung erfährt. Besonderer Wert wird in einigen dieser Geschichten aber auch auf das Lernen des Unterschieds zwischen Spannung und Entspannung gelegt. So soll es dem Kind erleichtert werden,

sich Entspannung als eigenes, immer verfügbares Mittel der Beruhigung (und Konzentration) anzueignen.

Vor der Entspannungsgeschichte steht deshalb hier immer ein Bewegungsteil. Aus dem Spiel, das häufig gerade den Wechsel von Spannung und Entspannung zum Thema hat, entwickelt sich dann die Entspannungsgeschichte. Bewegung macht zusammen mit anderen den meisten Spaß. Deshalb eignen sich diese Geschichten besonders für Kindergruppen.

Wenn das jüngere Kind schon einige Entspannungserfahrung hat, werden die Grünensteingeschichten und die Geschichten vom Zauberwald interessant. Ältere Kinder können mit ihnen beginnen.

Die Grünensteingeschichten dienen vor allem der Vermittlung dessen, was Entspannung eigentlich ist und wie das Kind sie selbst konkret einsetzen kann. Die Drachengeschichten bauen aufeinander auf. Zumindest beim ersten Kennenlernen sollten sie daher in der vorgegebenen Reihenfolge vorgelesen werden, möglichst jeden Tag eine weitere. Wenn das Kind die Wiederholung einer schon vorgelesenen Geschichte möchte, macht das nichts, nur vorgegriffen werden sollte nicht.

ENTSPANNUNG IM ALLTAG

Die Zauberwaldgeschichten entsprechen vom Inhalt her den Grünensteingeschichten des ersten Kapitels. Sie stehen hier sozusagen als Reserve. Manche Kinder mögen vielleicht keine Drachen. Nicht einmal Grünenstein. Oder sie sollten nach einiger Zeit wieder einmal daran erinnert werden, was denn zur Entspannung alles gehört. In den Zauberwaldgeschichten wird alles noch einmal angesprochen – in neuer, interessanter Umgebung.

Die Kinder können dann ermutigt werden, die Entspannung selbst einmal in konkreten Situationen auszuprobieren. Noch nicht nach der ersten Geschichte, aber durchaus schon bald. Druck sollten die Eltern aber keinesfalls machen. Das verleidet dem Kind die Entspannung nur.
Wenn mit dem Kind Alltagssituationen besprochen werden, in denen die Entspannung hilfreich sein könnte, dann sollte auch überlegt werden, in welcher Form sich die Entspannung in der jeweiligen Situation am besten einsetzen läßt. Klassenarbeiten beispielsweise sind für die meisten Schulkinder eine große Belastung. Sie werden meist unter Zeitdruck geschrieben, Raum für Entspannung scheint es hier nicht zu geben. Es hat sich aber gezeigt, daß es eine deutliche Verbesserung der Leistungen gibt, wenn vor der Selbstkorrektur eines Diktats eine kurze Entspannungsübung gemacht wird. Zwar steht dann scheinbar weniger Zeit zur Verfügung. Statt aber wie üblich etwa genauso viele neue Fehler hineinzuverbessern wie gemachte zu beseitigen, werden dann deutlich mehr Fehler beseitigt als neue gemacht.

Soviel zur Entspannung im allgemeinen. Genauere Hinweise – so geschrieben, daß ältere Kinder sie durchaus selbst lesen können – finden sich jeweils vor den Geschichten.

Und nun wünsche ich Kindern und Eltern viel Spaß!

# Entspannung für Kinder

12 Zugangswege zur Entspannung

15 Einsatzmöglichkeiten der Entspannung

16 Merksprüche

18 Entspannungshaltungen

21 Begleiterscheinungen

## Entspannung für Kinder

**D**as Leben in vergangenen Jahrhunderten war vom Überlebenskampf geprägt, und die meisten Kinder mußten schon sehr früh viel arbeiten. Aber was sie erlebten, war nah, es roch, schmeckte, sah, hörte und fühlte sich an. Szenen folgten in einem bestimmten, sich wiederholenden Rhythmus aufeinander, nicht zusammengeschnitten wie im Fernsehen. Lernen hatte mit den selbstverständlichen Lebensbedingungen des Kindes zu tun, war nicht derart von ihnen abgekoppelt, wie das in der Schule heute der Fall sein muß.

### Erfahrungen aus zweiter Hand

Die Massenmedien, für Kinder vor allem das Fernsehen, tragen eine Vielzahl von Eindrücken aus allen Regionen der Welt, aus vergangenen Stilepochen, aus Spezialisierungen, Berufszweigen und Lebensweisen an die Menschen heran. Eigentlich sind alle diese Erlebnisse, Informationen und Bilder interessant, gelegentlich auch faszinierend, in irgendeinem Punkt immer lehrreich. Der Mensch lebt mit, im brasilianischen Urwald, auf Polizeistreife in nordamerikanischen Luxus- oder Elendsvierteln, auf den Spuren alter Handelsstraßen in China ... Das alles kommt dem biologisch wichtigen Bedürfnis nach Neuem entgegen – aber in unguter Weise, denn es hat mit dem eigenen Leben des Zuschauers zu Hause kaum zu tun.

## STÄNDIG VON REIZEN UMGEBEN

### Alarmbereitschaft im Körper

Der Adrenalinspiegel des Menschen weiß nämlich davon nichts. Er reagiert auf Spannung im Fernsehen oder Anforderungen in der Schule wie zu Urzeiten mit einer Alarmreaktion. Die Muskelspannung nimmt zu, Atmung und Herzschlag beschleunigen sich, der Blutzuckerspiegel steigt, das Immunsystem wird etwas gedämpft. Der Organismus bereitet sich unter Streß auf Kampf oder Flucht vor. Über Jahrtausende menschlicher Geschichte war dies auch vollkommen richtig. Streß bezog sich früher fast immer auf eine unmittelbare und direkte Gefahr oder Herausforderung. In der modernen Welt aber hat diese Reaktion ihre Berechtigung verloren. Fast alles, was heute die Streßbelastung der Menschen bestimmt – sei es nun der Verkehr, die Arbeit (bei Kindern der Kindergarten und die Schule) oder Fernsehfilme –, läßt sich nicht bekämpfen, und Flucht hat selten einen Sinn. Während früher diese Reaktion auch eher die Ausnahme und dann nur für kurze Zeit notwendig war, führt die Vielzahl von ununterbrochenen Streßreizen heute zu einer Dauerreizung. Manche Menschen kommen damit gut, andere weniger gut zurecht.

### Abschalten können

Natürlich setzt eine Gewöhnung ein. Mit der Zeit berühren selbst die vielen schlimmen Dinge über Kriege

und Not in der Welt immer weniger. Ob das nun gut ist oder zur offenbar zunehmenden Verrohung unserer Welt beiträgt – für sich genommen ist es einfach notwendig. Denn Menschen müssen Unglück und schreckliche Erlebnisse auch ausblenden können. Kinder stehen erst am Anfang dieses Gewöhnungsprozesses. Viele Angebote kommen den natürlichen Bedürfnissen des Kindes, das auf Erkunden und Lernen ausgerichtet ist, sehr entgegen. Aber die Überflutung mit Informationen und Reizen hat auch negative Folgen. Viele Kinder leiden unter psychischen Problemen wie Angst, Unkonzentriertheit, Depressivität oder unter körperlichen Beschwerden wie Kopfschmerzen, Bauchschmerzen und allergischen Erkrankungen.

## Entspannung hilft

Entspannung ist das Gegenteil von Streß. Entspannungsübungen sind deshalb eine einfache Möglichkeit, solchen alltäglichen Belastungen selbst etwas entgegenzusetzen.

# Zugangswege zur Entspannung

Im wesentlichen gibt es drei Zugangswege zur gelenkten Entspannung.

## 1. Die Muskelentspannung

An der Entspannung der Muskulatur, das heißt am willkürlich beeinflußbaren Nervensystem, setzt die Muskelentspannung (progressive Relaxation) an. Hier werden bestimmte Muskelgruppen erst angespannt, dann wird die Spannung wieder losgelassen. Der Übende achtet auf Spannung und Entspannung, lernt den Unterschied bewußt wahrnehmen und bekommt ihn so immer besser unter Kontrolle. So wird, mit den Händen beginnend, eine Muskelgruppe nach der anderen durchgegangen. Die Entspannung soll sich dabei auf den ganzen Körper und auf die Psyche ausweiten.

## 2. Die vegetative Entspannung (autogenes Training)

Diese Entspannungsmethode versucht, über eine physiologische Umschaltung das vegetative Nervensystem von der mehr leistungsbezogenen Aktivität auf Ruhe- und Aufbauaktivität umzustellen. Dies geschieht über Entspannungsformeln, die sich vor allem auf Körperschwere und Körperwärme beziehen. Wenn der Mensch entspannt ist, werden seine Gliedmaßen besser durchblutet, sie fühlen sich warm und schwer an. Wärme und Schwere sind mit der Entspannung gekoppelt. Zumindest ein wenig lassen sich solche Vorgänge, obwohl sie durch das unwillkürliche, das vegetative Nervensystem gesteuert werden, auch selbst beeinflussen, und so wird versucht, über bewußtes Herstellen von Schwere und Wärme Entspannung hervorzurufen.

UNTERSCHIEDLICHE ENTSPANNUNGSMETHODEN

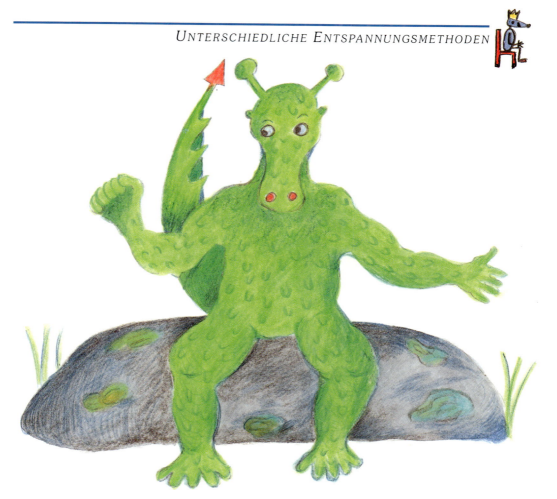

### 3. Atemübungen

Atemübungen nehmen eine Zwischenstellung ein. Der Atem geht unwillkürlich, gesteuert durch das vegetative Nervensystem, er ist aber willkürlich ohne weiteres beeinflußbar. Jeder kennt die Beziehung zwischen Atem und Aufregung beziehungsweise Ruhe. Der Atem bietet sich deshalb als Ansatzpunkt zur Einflußnahme auf den körperlichen Aktivitätszustand geradezu an. Eine ganze Anzahl verschiedener Entspannungstechniken (auch das autogene Training) bezieht den Atem deshalb als wichtigen Faktor mit ein.

### Drei Formen zur Auswahl

Diese drei Formen unterscheiden sich nur in der Art und Weise, wie Entspannung eingeleitet wird. Ihr Ziel ist dasselbe. In den Entspannungsgeschichten dieses Buchs wird es um alle drei Formen der Entspannung gehen. Nicht etwa, daß das Kind unbedingt alle drei anwenden soll. Eine davon genügt vollkommen. Eine Auswahl ist aber von Vorteil, um sich nach der Vorliebe des Kindes richten zu können.

Außerdem lassen sich je nach Situation nicht alle drei Methoden gleich gut anwenden. Die Muskelentspannung ist eine schnell und leicht erlernbare Methode. Sie hat den Vorteil, daß sie das Augenmerk ausdrücklich auf das Erlernen des Unterschiedes zwischen Spannung und Entspannung legt. Sie ist so auch eine Art Achtsamkeitstraining und kann es dem Kind erleichtern festzustellen, wann es eigentlich angespannt ist und wann nicht. Aber es wird für die Umgebung einigermaßen merkwürdig wirken, wenn das Kind sie in einer Streß- oder Angstsituation in der Schule oder im Kindergarten anwendet. Und in manchen sozialen Streßsituationen wird das dazugehörende Fäusteballen nicht gerade zur Entspannung beitragen.

Die vegetative Entspannung gilt für Erwachsene als schwerer erlernbar. (Bei Kindern sind die Unterschiede, wenn überhaupt vorhanden, gering.) Sie kann aber fast unsichtbar durchgeführt werden, hat im Alltag gegenüber der Muskelentspannung also einen gewaltigen Vorteil. Das gilt auch für die Atementspannung, die sich besonders als Kurzentspannung in Alltagssituationen eignet.

**Die Entspannung selbst kontrollieren und gezielt einsetzen**

Grundsätzlich sollte aber auch bedacht werden: Je umfassender und vielseitiger sich das Kind in der geschützten Situation zu Hause oder in einem Ent-

spannungskurs zu entspannen lernt, um so leichter wird ihm Entspannung dann auch im rauhen Kinderalltag fallen. Deshalb wird in den Geschichten von allen drei Zugangswegen zur Entspannung die Rede sein, mit Schwerpunkt allerdings auf der vegetativen Entspannung und der Beobachtung des Atems. Denn das Ziel soll sein, daß die Entspannung vom Kind selbst kontrolliert und in seinem Alltag eingesetzt werden kann. Und hierzu eignen sich diese Formen am besten.

Auch wenn das Augenmerk dieses Buches und seiner Geschichten auf der Entspannung liegt, sollte eines nicht vergessen werden: Das Gegenteil ist genauso wichtig. Kinder tollen gerne herum, sie haben eine unglaubliche Energie, die ausgelebt werden möchte. Blindes Ausleben allerdings kann auch schaden. Deshalb ist es wichtig, daß das Kind Kontrolle über Anspannung und Entspannung gewinnt.
Bei den meisten Kindern scheint die natürliche Entspannungsfähigkeit weniger beeinträchtigt als bei Erwachsenen. Kinder benötigen allerdings stärker als Erwachsene Unterstützung dabei, in welchen Situationen Entspannung helfen kann und wie sie dann ihre natürliche Entspannungsfähigkeit am besten wecken. Konzentration auf den Atem, Entspannungsformeln oder muskuläre Spannungs- und Entspannungsübungen geben solche Hilfe.

EINE LEBENSHILFE

alleine oder als Teil eines umfangreicheren Programms. Wenn Entspannung therapeutisch eingesetzt wird, sollte dies aber durch einen entsprechend ausgebildeten Therapeuten geschehen.

Noch wichtiger als der therapeutische Bereich scheint mir die Entspannung als allgemeine Lebenshilfe und zur Gesundheitsvorsorge für alle Kinder zu sein: Streß ist etwas, was alle Menschen gleichermaßen betrifft, nur mehr oder weniger stark. Das gilt schon für Kinder, und die Streßbelastung nimmt im Laufe der Jahre eher zu als ab. Früh lernt sich Entspannung am leichtesten. Schon im Alltag wird sie manches nützen. Und wenn später einmal größere Probleme auftreten, ist dem Kind bereits eine Möglichkeit bekannt, die helfen kann.

## Einsatzmöglichkeiten der Entspannung

In den letzten Jahrzehnten wurde nachgewiesen, daß sich Entspannungsübungen für Kinder bei Angststörungen, Konzentrationsproblemen, Hyperaktivität, aggressivem Verhalten, Schulproblemen, Einnässen, Asthma, Schmerzen (auch Kopfschmerzen), Schlafstörungen, Stottern und vielem mehr mit guten Erfolgsaussichten einsetzen lassen. Entspannung hilft dabei

Entspannung ist kein Wundermittel, sie soll Kinder bei der Bewältigung ihres Alltags und bei besonderen Problemen unterstützen, sie ist ein Mittel zur Selbsthilfe. Sie kann beispielsweise die Konzentration des Kindes wesentlich fördern und so auch etwas zur Verbesserung von Schulleistungen beitragen. Aber lernen müssen die Kinder deshalb immer noch. Entspannung kann in diesem Bereich nur helfen, das bereits Vorhandene optimal einzusetzen. Auch daran sollte ab und zu erinnert werden.

# Merksprüche

In die Geschichten sind hin und wieder verschiedene Merksprüche eingestreut, zum Beispiel „Mit Mut geht's gut" oder „Konzentriert geht's wie geschmiert". Es ist uns selten bewußt, aber wir befinden uns fast ununterbrochen in einem inneren Monolog, Kinder wie auch Erwachsene. Wir setzen uns dabei mit uns selbst, den Dingen um uns sowie unserem Verhältnis zu den Dingen und Ereignissen auseinander. Wir bewerten, wir machen uns Mut – oder wir entmutigen uns auch manchmal, schränken durch ungünstige innere Betrachtungen uns selbst und unsere Möglichkeiten ein.

## Innere Energien mobilisieren

Es kann sehr hilfreich sein, diesen inneren Monolog bewußt zu machen und gegebenenfalls zu verändern. Das ist eine weitgesteckte Aufgabe, die Kinder kaum leisten können. Aber ein wenig kann dennoch getan werden. Hierzu werden in kritischen oder fordernden Situationen zielgerichtete und positiv gehaltene Merksprüche eingesetzt, die diesen inneren Monolog langsam, aber sicher akzentuieren und in eine günstige Richtung lenken sollen. Die Verbindung mit der Entspannung ist hier besonders empfehlenswert. Im autogenen Training wird etwas Ähnliches mit der sogenannten Vorsatzbildung geleistet.

Das Kind kann über die Entspannungsgeschichten verschiedene Merksprüche lernen. Diese lassen sich dann in den kritischen Situationen nach einer kurzen Atementspannung anwenden und werden wie Entspannungsformeln tief in sich selbst hineingesprochen. Sehr hilfreich kann es sein, auch ohne einen direkten Anlaß passende Merksprüche nach einer Entspannungsübung zu verinnerlichen, beispielsweise bei Kindern mit Ängsten oder sonstigen überdauernden Problemen in bestimmten Situationen.

Inzwischen hat sich ein richtiges Repertoire an gebräuchlichen Merksprüchen für Kinder entwickelt. Die folgende Liste nennt einige davon:

- Mit Mut geht's gut.
- Nur ruhig Blut, dann geht's gut.
- Ruhig und still geht's, wie ich will.
- Konzentriert geht's wie geschmiert.
- Ich weiß, ich kann, ich bleibe dran.
- Den Faden nicht verlieren, mich konzentrieren.
- Ohne Anfang gibt's kein Ende, also spuck in deine Hände.
- Frisch und wach wie ein Fisch im Bach.
- Auch was wagen, auch was sagen.
- Wenn ich will, wird alles still.
- 1, 2, 3, Angst geht vorbei.
- Genau geschaut und dann getraut!
- Tief innen ist alle Kraft drinnen.
- Augen wach, denk erst nach.

ENTSPANNUNG FÜR KINDER

- Lieber erst mal überlegt, als sich unnütz aufgeregt.
- Alle Sachen richtig machen.

Merksprüche sollen kurz, prägnant und positiv gehalten sein. Es soll dabei das erwünschte Verhalten oder das Ziel angesprochen werden, nicht ein Verhalten, das es zu vermeiden gilt. Der Spruch „Mit Mut geht's gut" wäre nach dieser Regel also „1, 2, 3, Angst geht vorbei" klar vorzuziehen. Wichtig ist aber auch eine Auswahl. Je genauer ein Spruch auf das Problem des Kindes paßt, um so besser. Manche älteren Kinder erfinden sich selbst Merksprüche, wenn sie erst einmal damit vertraut gemacht wurden. Reime merken sich Kinder am leichtesten. Wie auch die anderen Regeln sollte der Reim aber nur als Richtlinie betrachtet werden, nicht als unbedingt einzuhaltendes Gesetz.

## Entspannungshaltungen

In unserem Buch wird Entspannung in Form von Geschichten vorgestellt. In den Grünenstein- und Zauberwaldgeschichten wird auch darauf eingegangen, wie das Kind Entspannung selbst, ohne Hilfe durch andere und ohne Entspannungsgeschichte, einsetzen kann. Hilfreich vor allem für das ungeübte Kind sind dabei bestimmte Entspannungshaltungen. Eine solche Haltung soll einfach dazu beitragen,

den Körper muskulär zu entspannen. Grundsätzlich sollte Entspannung aber immer möglich sein, auch ohne dazu eine bestimmte Haltung einzunehmen.

### 1. Liegehaltung
Für die Liegehaltung legt sich das Kind auf den Rücken, die Arme liegen

18

## RUHIG ATMEN

neben dem Körper, mit den Handflächen nach unten. Die Beine sind ausgestreckt und überkreuzen sich nicht. Die Augen sind möglichst geschlossen. Wenn das dem Kind zu unheimlich ist, kann es die Augen auch aufbehalten. Die Blicke sollten dann aber nicht umherschweifen. Gute Anzeichen für Entspannung sind ein ruhiger Atem und nach außen fallende Fußspitzen.

So läßt sich dem Kind auch das Wesen der Entspannung etwas verdeutlichen: Einmal wird es gebeten, sich ganz stocksteif hinzulegen und alle Muskeln anzuspannen. Und dann soll es alle Spannung loslassen. Dann müßten die Fußspitzen nach außen fallen. Das Kind kann dann gebeten werden, Spannung und Entspannung nur über die Fußspitzen zu fühlen: einmal wenn sie gerade zum Himmel stehen, dann wenn sie nach außen fallen.

Die Liegehaltung eignet sich besonders für das Hören von Entspannungsgeschichten oder bei einer Entspannungsübung zu Hause. In der Schule oder in besonderen Streßsituationen läßt sie sich kaum anwenden.

### 2. Angelehnte Sitzhaltung

In der Schule dagegen ist die angelehnte Sitzhaltung der Liegehaltung vorzuziehen. Das Kind setzt sich dabei auf einen Stuhl oder Hocker und lehnt den Rücken an. Die Füße stehen fest auf dem Boden, nicht zu eng nebeneinander, etwa in Schulterbreite. Die Hände liegen auf den Oberschenkeln, die Handflächen nach unten, sie berühren sich nicht. Der Kopf ist etwas gesenkt. Diese Sitzhaltung eignet sich besonders für eine ruhebetonte Entspannungsübung.

ENTSPANNUNG FÜR KINDER

### 3. Königshaltung

Zielt die Entspannung mehr auf Konzentration ab, sollte die Königshaltung gewählt werden. Das Kind setzt sich dazu relativ weit vorne auf einen Stuhl oder Hocker, die Hände liegen wieder mit den Handflächen nach unten auf den Oberschenkeln. Die Füße stehen etwa in Schulterabstand fest auf dem Boden. Der Rücken aber wird betont gerade gehalten, das Becken ist etwas nach vorne gekippt, auch der Kopf ist aufrecht. Die Augen sind auch hier möglichst geschlossen.

Dies sind gebräuchliche Entspannungshaltungen, mit denen sich in fast allen Situationen gut zurechtkommen läßt. Die Sitzhaltungen lassen sich gut in Alltagssituationen einnehmen, ohne dort zuviel störende Aufmerksamkeit auf sich zu ziehen. Die Haltung soll nur ein Hilfsmittel für die Entspannung sein. Wenn das Kind bereits andere Haltungen kennt oder mit anderen Haltungen, die dasselbe erreichen, besser zurechtkommt, ist dagegen nichts einzuwenden. Die wohl beste Konzentrationshaltung ist keine der

KRIBBELN UND MUSKELZUCKEN

beschriebenen Entspannungshaltungen, sondern der Lotussitz. Er ist aber schwer zu erlernen, deshalb wollen wir hier auf ihn verzichten. Die vorgestellten Haltungen sollten dem Kind schon nach wenigen Versuchen leichtfallen, und sie genügen uns vollauf.

## Begleiterscheinungen

Während der Entspannung werden wahrscheinlich auch Begleiterscheinungen auftreten. Vor allem Kribbeln in Händen und Füßen sowie Muskelzucken in Armen und Beinen treten auf. Sie sind harmlos und nur ein Anzeichen der sich einstellenden Entspannung. Von den sich ebenfalls häufig einstellenden Darmgeräuschen ist das bekannt: Der Körper ist dann auf Ruhe, Verdauung und Aufbau eingestellt.

Mit zunehmender Übung werden solche Begleiterscheinungen seltener. Vielleicht stören sie auch einfach weniger und werden deshalb gar nicht mehr bewußt wahrgenommen. Stört einmal eine Begleiterscheinung zu sehr, dann sollte die Entspannung einfach etwas zurückgenommen werden. Beispielsweise lassen sich die Hände zu Fäusten ballen, um Kribbeln oder ungute Empfindungen zu vertreiben. Je weniger man sich um solche Begleiterscheinungen kümmert, um so weniger stören sie auch.

21

# Entspannung in der Drachenwelt

24 Der Drache Grünenstein
26 Die Drachenkette
29 Entspannung für Grünenstein
32 Die Kraft der Gedanken
35 Grünenstein besucht die Dame
38 Grünenstein lernt Fäuste ballen
42 Grünenstein schießt ein Tor
46 Die zerfallene Stadt
50 Bei den Muscheltauchern
54 Das Piratenschiff
57 Die Kette der Kraft

# Der Drache Grünenstein

Grünenstein ist zwar ein Drache und hat schon allerlei gelernt, seit vor vielen tausend Jahren sein Ei aufbrach und er den Kopf erstmals auf die Dracheninsel hinausstreckte. So weiß er, was Zitronen sind. Er weiß, wie man schläft und wie man ißt. Er kann ganz gut Bäume fällen, indem er gegen den Stamm tritt. Er redet auch gern. Manchmal behauptet er sogar, er lerne schon fliegen. Aber von manchem hat er gar keine Ahnung. So weiß er zum Beispiel nicht, was Rollschuhe sind. Er kennt keine Bagger und Eisenbahnen, kein Vanilleeis und keine Verkehrsampeln. Das macht aber nichts, denn das ist auf der Dracheninsel alles ganz unnötig. Doch er hat auch keine Ahnung, was Ruhe und Entspannung ist – oder Konzentration. Und das könnte er schon manchmal gut gebrauchen. Die ersten zehn Geschichten des Buches erzählen, wie Grünenstein über diese Dinge allerhand erfährt. Am Ende weiß er schon ganz gut Bescheid und wendet die Entspannung selbst an. Und wer bei den Geschichten gut aufpaßt, der kann das dann auch.

# Die Drachenkette

Stell dir vor, du fliegst mit Gedankenkraft bis weit hinüber zur Dracheninsel. Direkt in der Höhle von Grünenstein tauchst du auf.
„Aha, Besuch", sagt er und schaut von einem Haufen Steine auf dem Höhlenboden auf. „Ein Menschenkind. Du kannst mir gleich helfen."
Und er erzählt dir von seiner Dracheninsel.
Von den Klippen erzählt er, vom Wind, vom Schrei der Möwen über den Felsen, vom ewigen Brausen des Meeres, vom weichen Sand an den Ufern. Und von der Dame Schuppenglanz, die er liebt. Sie wohnt in einer Felsengrotte am Murmelmeer. Am Tag des Himmels, dem höchsten Drachenfeiertag, ist es unter den Drachen üblich, Geschenke zu machen.
„Ich will ihr eine Kette verehren", erzählt Grünenstein. „Aber ich schaffe es nicht, die Steine einzufädeln. Vielleicht kannst du mir helfen."
Du schaust dir die Steine genauer an. „Wie hast du denn die Löcher hineinbekommen?" fragst du den Drachen.
„Die waren schon drin, ist doch klar", antwortet Grünenstein. „Das sind Felsenwurmlöcher, etwas ganz Seltenes. In einer Klippe unten am Meer ziehen sich lange Wurmlöcher durch das Gestein. Ich mußte nur noch die Felsen herum wegknabbern, bis ich die Bröckelchen zusammenhatte."
„Alle Achtung", meinst du. „Das war sicher sehr anstrengend."
„Vor allem macht es dick", seufzt Grünenstein und streicht sich über den Bauch.
Dann nimmt er einen Stein und versucht, die Schnur hindurchzubekommen. Aber es klappt nicht.
„Warum machst du denn dabei die Augen zu?" fragst du verwundert.

ES KLAPPT EINFACH NICHT

„Damit ich nicht sehen muß, wie es schiefgeht", murmelt der Drache. „Es klappt nicht, es klappt nicht, es klappt nicht, es klappt nicht", ruft er dann, mit jedem Mal lauter. Er stampft auf die Erde, daß der Boden erzittert. Seine gewaltige Nase weitet sich noch mehr – und dann schnaubt er roten Feueratem über den Stein. Der zerfließt wie Butter. Schnell springst du zur Seite.

„So wird das nichts", sagst du dann.

„So wird das bestimmt nichts", sagt auch Grünenstein. Wie ein Häufchen Elend hockt er nun auf dem gezackten Drachenschwanz. Aus seinen Augen rollen ein paar schimmernde Perlen und verschwinden in den Ecken und Spalten der Höhle.

„Du mußt ruhiger werden", sagst du dem Drachen. „Und schau genau hin, was du tust."

*IN DER DRACHENWELT*

„Ich muß ruhiger werden", sagt auch der Drache. „Fragt sich nur, wie."

„Achte einfach auf deinen Atem", sagst du. „Du atmest doch, oder?"
fragst du dann lieber mal nach. „Und wie", sagt Grünenstein und bläht
seine Nüstern auf. „Atme nur ganz gewöhnlich", sagst du schnell.

„Aber bei jedem Ausatmen sagst du dir das Wort ‚Ruhe' vor. Und dabei
stellst du dir vor, wie du ruhig wirst."

Und Grünenstein atmet. Du siehst, wie die Luft in seiner gewaltigen
Nase verschwindet. Und dann strömt sie wieder heraus. „Ruhe",
donnert der Drache, daß die Wände wackeln. Eine kleine Steinlawine
spritzt von der Höhlendecke. Du hältst dir die Hände über den Kopf.

„Nein, nein, nicht laut, nur innerlich, in dich hinein", sagst du dann
schnell.

Grünenstein atmet nun wieder normal. Du siehst, wie er ruhiger wird.

„Jetzt geht es bestimmt besser", sagst du.

Der Drache atmet ganz ruhig. Dann packt er plötzlich das
Schnurende und führt es sicher durch die Wurmlöcher
in den Steinen hindurch. Bald ist es geschafft:
Die Kette ist fertig. Grünenstein bindet die
Schnurenden zusammen.

„Da wird sich Schuppenglanz freuen",
sagt er dann und bewundert sein
Werk.

„Merk dir das, und denk an den
ruhigen Atem, wenn du wieder einmal
so etwas vorhast", sagst du ihm noch.
Dann machst du im Kopf eine kleine Bewegung, und so schnell deine Gedanken
dich tragen, fliegst du davon, wieder zurück
in deine eigene Welt.

# Entspannung für Grünenstein

Du sitzt mit Grünenstein unten am Strand vor den Klippen. „Du bist viel zu zappelig und ungeduldig", sagst du. „Weißt du was? Ich zeige dir etwas, was wir bei mir zu Hause Entspannung nennen. Willst du's versuchen?"

„Gib schon her", antwortet Grünenstein.

„Das ist nichts, was man von jemand anderem bekommen kann", sagst du. „Das ist etwas in dir selbst. Du hast es schon in dir. Aber du weißt es nicht."

„Ich kannte da mal einen Berg", berichtet Grünenstein sofort. „Fünf oder sechs Millionen Jahre wird es nun her sein. Der hatte auch etwas in sich und wußte es nicht. Es war eine Goldader. Ich habe ihn zusammen mit ein paar anderen jungen Drachen gesprengt und geplündert. Da wußte er's dann."

„Entspannung ist anders", erklärst du. „Das ist etwas in dir, schon wie ein Goldschatz. Aber es ist mehr eine Art Kraft. Eine Art Ruhe und Kraft. Nehmen kann ihn dir keiner. Geben kann ihn dir auch keiner. Du mußt ihn schon selbst entdecken. Aber wie, das kann ich dir zeigen."

„Niemand mehr nehmen?" fragt Grünenstein. „Wegen des Goldschatzes haben wir uns damals schwer gestritten. Ich glaub', ich hab' bei der Rauferei alle Schuppen an meiner linken Schwanzseite verloren. Hat hundert Jahre gedauert, bis die wieder nachgewach-

## IN DER DRACHENWELT

sen sind. Und ein paar Berge sind auch noch ins Meer gestürzt. Das
sind nun die Inseln dort draußen." Er zeigt auf die See.

„Niemand kann ihn dir nehmen", bestätigst du ihm. „Und jetzt mach
mal mit. Leg dich erst hin, auf den Rücken, die Arme neben den
Körper, die Beine lang ausgestreckt, daß sie sich nicht überkreuzen."
Der Drache läßt sich in den Sand des Strandes plumpsen. Du legst dich
auch hin.

„Nun schließ die Augen." Die Drachenaugen schließen sich langsam.

„Und jetzt sag dir selbst dreimal vor: ‚Ich bin ganz ruhig.' Sag es dir vor
und stell dir dabei vor, wie du ruhig bist. Innerlich, alles nur innerlich",
fügst du schnell hinzu.

„Ist doch klar", beruhigt dich der Drache.

„Und dann sag dir innerlich dreimal vor: ‚Ich bin ganz schwer.' Sag es
dir vor, und stell dir vor, wie du schwer wirst. Stell dir vor, wie die Arme
schwer werden, wie die Beine schwer werden, wie dein ganzer Leib
schwer wird." Du wartest ein Weilchen, dann fährst du fort:

„Und dann sag dir innerlich dreimal vor: ‚Ich bin schön warm.' Sag es
dir vor, und stell dir vor, wie du warm wirst. Stell dir vor, wie die Arme
warm werden, wie die Beine warm werden, wie dein ganzer Körper
schön warm wird. Es ist wie eine freundliche Sonnenflut, die durch dich
fließt." Du wartest wieder ein Weilchen und fährst dann fort:

„Und dann achte auf deinen Atem. Beobachte ihn, wie er in dich hin-
einströmt – und wieder heraus. Laß ihn ruhig strömen, verändere ihn
nicht, beobachte ihn einfach nur. Er geht ein und aus, ein und aus, ganz
ruhig und gleichmäßig, ganz von allein." Du wartest wieder ein Weilchen und beobachtest die kleinen Feuerflämmchen, die bei jedem
Atemzug aus den Nüstern des Drachen tanzen, ganz ruhig und gleichmäßig.

„Und dann sag dir noch mal: ‚Ich bin ganz ruhig.' Und stell es dir dabei

30

gut vor, dieses Gefühl, ganz ruhig und entspannt zu sein." Nach einer Weile sagst du dann:

„Wenn du hinterher wieder etwas tun willst, mußt du nach der Entspannung immer erst die Muskeln kräftig anspannen. Mach das nun auch. Ball die Hände kräftig zu Fäusten, reck dich und streck dich ... Dann ist die Entspannung zu Ende, und du kannst mir erzählen, wie es war."

Grünenstein reckt und streckt sich, daß die ganze Sandküste wackelt. Dann setzt er sich neben dich. „Gut war's", meint er. „Vor allem die Ruhe und der Atem."

„Die Schwere und die Wärme denn nicht?" fragst du schnell.

„Schwer bin ich immer", meint Grünenstein und schlägt mit dem schuppigen Schwanz einen Felsen ins Meer. „Und warm eigentlich auch." Er läßt aus seinen Nüstern ein paar extralange Feuerflammen schießen.

„Aber du hast recht." Nachdenklich legt er den Kopf schief. „Ich bin das zwar immer, aber ich weiß es eigentlich nie. Und es ist doch so schön.

„Wenn du daran denkst", sagst du, „kannst du die Entspannung auch ab und zu einmal alleine machen."

„Ist doch klar", sagt Grünenstein.

Du aber machst im Kopf eine kleine Bewegung, und so schnell deine Gedanken dich tragen, fliegst du davon, wieder zurück in deine eigene Welt.

31

# Die Kraft der Gedanken

„Sag mal", beginnt Grünenstein, als ihr wieder einmal zusammen am Sandstrand des Drachenmeeres sitzt und euch die Zehen umspülen laßt, „diese Entspannung, die du mir neulich gezeigt hast, wieso funktioniert die denn?"

„Wie meinst du das?" fragst du und hebst eine angespülte Muschel auf.

„Na", antwortet Grünenstein, „ich stell mir das doch nur innerlich vor, diese Ruhe, diese Schwere und diese Wärme. Weshalb werd' ich denn dann auch ruhig, schwer und warm? Das mit dem Atem versteh' ich ja, aber den Rest . . ."

„Das ist wie bei den Zitronen", antwortest du und hältst dir die Muschel ans Ohr. „Ihr habt hier doch Zitronen, oder?" fragst du schnell nach.

„Sicher", antwortet Grünenstein. „Das sind doch diese schaligen gelben Bälle, ganz ohne Schuppen, die so ekelhaft schmecken."

„Warum hast du denn eben dein Gesicht verzogen?" fragst du.

„Na", antwortet Grünenstein, „das ist doch klar. Erst neulich hab' ich in eine Zitrone hineingebissen – ganz aus Versehen natürlich –, und ich kann dir sagen . . ." Er schüttelt sich, daß der Schwanz nur so wackelt.

„Gut", antwortest du, „neulich hast du in eine hineingebissen. Aber jetzt doch nicht. Es sind überhaupt keine Zitronen in der Nähe. Jetzt aber hat's dich geschüttelt. Das ist die Vorstellung. Und ganz so ist es auch mit der Entspannung."

„Verstehe ich nicht", antwortet Grünenstein und läßt mißmutig seinen Schwanz über den Strand streichen.

„Schließ mal deine Augen", sagst du. Grünenstein schaut dich erst groß an, aber dann macht er doch die Augen zu.

„Und jetzt stell dir eine Zitrone vor", fährst du fort. „Eine große gelbe,

32

SAURE VORSTELLUNGEN

saftige Zitrone ... Und dann stell dir vor, wie du mit einem großen Messer die Zitrone in zwei Hälften schneidest." Du siehst, wie Grünenstein schlucken muß, aber du verkneifst dir dein Lachen und redest weiter. „Und dann stell dir vor, wie du eine der beiden Zitronenschalen in die Pfote nimmst und herzhaft hineinbeißt." Grünenstein verzieht das Gesicht.

„Na, wie war's?" fragst du dann. „Die Augen kannst du jetzt wieder aufmachen."

„Schrecklich war's, ist doch klar", sagt Grünenstein. „Dieser Geschmack ... obwohl gar keine Zitrone da war, nur meine Gedanken davon. Aber das Wasser ist mir im Mund zusammengelaufen, als würd' ich wirklich hineinbeißen."

„Das ist die Kraft der Gedanken", erklärst du. „Du stellst dir etwas vor, und in deinem Körper tut sich dann tatsächlich etwas."

„Geht das auch mit dem Fliegen?" fragt Grünenstein. „Das wollt' ich

*IN DER DRACHENWELT*

nämlich schon immer mal. Aber meine Flügel sind einfach zu kurz." Dabei wedelt er mit zwei grünen Flügelstummeln auf seinem Rücken, die du bisher noch gar nicht bemerkt hast.

„Nein, das geht nur mit wirklichen Dingen", antwortest du. „Vor allem geht das mit der Entspannung. Wenn du dir vorstellst, ruhig zu sein, dann wirst du gleich ruhiger. Wenn du dir vorstellst, schwer zu werden und warm, dann klappt auch das nach einer Weile. Vielleicht nicht sofort, aber doch nach ein paar Versuchen."

„Ist doch klar", meint Grünenstein zufrieden. „Das probier' ich gleich morgen mal, da haben wir Kegeln. Ich bin immer viel zu aufgeregt und schiebe die Felsbrocken an den Bäumen vorbei. Aber diesmal mach' ich vorher die Entspannung, dann klappt's vielleicht besser."

„Das ist etwas in dir, diese Ruhe", sagst du. „Die kann dir niemand geben, die kann dir niemand nehmen. Nur denken mußt du selbst daran."

„Ist doch klar", dröhnt Grünenstein und läßt stolz einige Flammenstöße durch seine Nüstern fauchen.

„Das ist tief in dir drinnen, du mußt nur darauf hören", sagst du noch mal. Dann legst du die angeschwemmte Muschel an sein Ohr. „Hör mal", sagst du. Und du siehst, wie der Drache seine Augen schließt und lauscht, einfach nur lauscht, tief in die Muschel hinein. Denn im Innern der Muschel hört er das Rauschen des Meeres.

# Grünenstein besucht die Dame

„Also, weißt du", beginnt Grünenstein und schlägt verlegen mit seinen winzigen Flügeln, „wenn du nachschauen würdest, dann wüßtest du gleich: Da drinnen schlägt ein echtes Drachenherz!" Und er klopft sich fest gegen die Schuppen seiner mächtigen Brust.
„Nachschauen?" fragst du und lachst.
„Du könntest doch irgendwie zwischen meinen Brustschuppen hindurchkriechen. Für so einen Winzling wie dich ist das doch gar kein Problem." Der Drache ist irgendwie durcheinander, das merkst du gleich, denn so schlimm übertreibt er sonst selten. „Oder du kriechst mal in meinen Rachen hinein, da hast du eine gute Aussicht. Wenn ich nicht zufällig schlucken muß, kann auch gar nichts passieren, ist doch klar." Er sperrt sein riesiges Maul auf und läßt ein paar Flammen in den Himmel tanzen.

„Danke, danke", sagst du schnell, „ich glaub' dir schon, daß du ein Drachenherz hast. Aber weshalb die Felsenwurmkette noch in deiner Höhle herumliegt, das hast du noch immer nicht gesagt. Du wolltest sie doch der Dame Schuppenglanz schenken."
„Warum, warum ... eben wegen diesem Drachenherz wohl", meint Grünenstein nun auf einmal ganz verlegen. „Ich trau' mich nicht. Wenn es um einen Kampf gegen die Wolkenriesen ginge oder um eine Schlacht gegen das Nebelmeer, da wär' ich ganz vorne mit dabei, ist doch klar. Aber ich kann doch nicht ... Vielleicht lacht sie mich aus ... Komm, geh doch mit!"

*IN DER DRACHENWELT*

„Na gut, ein Stückchen kann ich ja mitgehen", sagst du. Grünenstein richtet sich kerzengerade auf. „Wirklich?" strahlt er. „Dann kann ja nichts mehr schiefgehen, ist doch klar."

An den Riesenstachelbeeren kommt ihr ohne Probleme vorbei, ihr kämpft euch durch Beete voll wilder Petersilie und geht über nackte Felsen, die schon seit Jahrmillionen niemand mehr betreten hat, außer vielleicht gestern eine Igelmutter bei ihrem Ausflug ans Meer. Und womöglich ein Schmetterling, als er sich sonnen wollte. Sogar durch den Wind kämpft ihr euch durch, der vom Meer her weht, ohne zurückzuschrecken. „Das ist der Atemstrom eines gewaltigen Riesen", flüstert dir Grünenstein ins Ohr. Aber du wirst kein bißchen langsamer deshalb und er auch nicht.

Schließlich steht ihr vor einer steinernen Brücke. Zierlich geht sie über einen Abgrund zwischen zwei Felsnadeln hinweg, darunter schlagen die Brecher der Wellen gegen die Klippen. Grünenstein bleibt stehen. Er zittert wie Espenlaub. Er hält deine Hand, daß es fast weh tut. „Dort drüben ist es", flüstert er dir schnell ins Ohr.

„Und gerade dieses Stück mußt du alleine gehen", sagst du.

„Ist doch klar", murmelt er. „Aber kannst du nicht trotzdem mitkommen?"

„Weißt du, was?" fällt dir da ein. „Ich gebe dir etwas mit, einen Merkspruch, das ist eine Art Zauberspruch. Den sag dir nur immer vor, nur so in dich hinein, dann wird es schon bessergehen." Du streckst dich bis zu den kleinen Drachenohren hinauf und flüsterst leise etwas hinein. „Mit Mut geht's gut."

Grünenstein nickt, schaut dir noch mal fest in die Augen und stampft los. Du siehst, wie er etwas in sich hineinspricht. Das wird der Merkspruch sein. Du schaust auf die Bewegungen seines Drachenrachens:

36

EIN RENDEZVOUS!

„Mit Mut geht's gut" – er hat es tatsächlich richtig behalten. Ohne weiter zu zögern, geht Grünenstein über die Brücke und verschwindet im Höhleneingang dahinter.

Du setzt dich hin, schaust auf das Meer hinaus und lauschst dem Rauschen der Wellen und dem Möwengeschrei. Ein Geruch von Salz liegt im Wind, und du meinst, noch etwas Tieferes riechen zu können: das endlose Meer. So sitzt du da und summst noch ein Windlied vor dich hin. Grünenstein bemerkst du erst, als dir seine Pfote in den Rücken klatscht. „Hurra", jauchzt er. „Sie hat die Kette genommen, und wir haben uns verabredet, morgen, am Strand."

„Wunderbar", sagst du und reibst dir den Rücken. Und dann singt ihr noch zusammen ein Lied, gegen den Wind und gegen die mächtigen Wellen unten an den Klippen. Es hat nur eine Strophe, aber die singt ihr immer wieder und wieder: „Mit Mut geht's gut." Was die Möwen singen, das weißt du nicht, und du kennst auch die Wasserworte des Wellenlieds nicht, aber vielleicht sind es alle dieselben.

## Mit Mut geht's gut

37

# Grünenstein lernt Fäuste ballen

Über die Klippen bläst ein scharfer Wind, vom Meer her. Ein Geruch von Salz liegt in der Luft, die Möwen am Himmel schreien. „Flug, Flug, Fisch, Fisch", meinst du herauszuhören, aber du bist dir nicht sicher. Grünenstein läßt sich neben dir ins Gras plumpsen und sagt jedenfalls sehr gut vernehmlich: „Also, so ganz kapiert hab' ich's immer noch nicht, mit dieser Entspannung."

„Aber du hast sie doch selbst ausprobiert", sagst du. „Was ist denn dann noch unklar?"

„Na, was das eigentlich heißen soll, diese Entspannung", meint Grünenstein. Er reißt Grashalme aus und beschaut sich jeden einzelnen genau, bevor er ihn wegwirft. Zwei bleiben übrig, die steckt er sich vergnügt in die Ohren.

„Was das eigentlich heißen soll", murmelst du. „Entspannung, das ist eben so etwas wie Ruhe. Aber nicht nur dein Mund ist ruhig, sondern dein ganzer Körper."

„Aha", sagt Grünenstein.

„Vielleicht probieren wir das einfach noch mal aus, aber diesmal anders", sagst du. „Da, setz dich auf den Stein."

„Probieren ist immer gut", sagt Grünenstein. Aus seinen Ohren quellen kleine Rauchwölkchen, dann gibt es plötzlich einen Doppelknall, und die schon ziemlich angeglühten Halme fliegen wie Pfeile heraus. „Das mußte wieder einmal durchgepustet werden", meint Grünenstein.

Du bläst einen glühenden Grashalm aus und fragst dann: „Sitzt du bequem?"

„Ist doch klar", meint Grünenstein und kratzt sich schnell noch mal hinter den Ohren.

38

„Deine Hände legst du auf die Oberschenkel, die Handflächen nach unten", sagst du. „Der Rücken ist gerade. Die Füße stehen fest auf dem Boden."

Du schaust, ob Grünenstein alles richtig macht, dann fährst du fort:

„Und nun ball mal deine rechte Hand zur Faust."

„Das ist keine Hand, das ist eine Pfote, eine Drachenpfote", sagt Grünenstein stolz.

„Jedenfalls ballst du sie zur Faust", erwiderst du, „und drückst die Faust immer fester und fester."

Grünenstein müht sich. „Und das ist Entspannung?" fragt er mit hochgrünem Kopf.

„Nein, das ist Spannung", erklärst du ihm. „Und Entspannung ist, wenn du die Spannung losläßt. Also laß jetzt diese Spannung weg, die Hand oder Pfote ist wieder ganz normal, ganz locker auf deinem Oberschenkel. Und dann spür in dich hinein, auf dieses Gefühl in der Hand ... Spürst du es?"

„Ich weiß nicht", sagt Grünenstein. Er schaut auf seine Pfote und dann auf dich.

„Dann mach es noch mal", sagst du. „Erst die Hand oder Pfote zur Faust ballen, ganz stark und immer noch stärker ... und dann läßt du los, ganz los, die Pfote wird locker und völlig entspannt. Und achte genau auf den Unterschied. Erst war da Spannung, nun ist da Entspannung."

„Ich glaube, ich spür's", sagt Grünenstein. „Noch mal?"

„Die Pfote zur Faust ballen, ganz stark, immer stärker. Halte die Spannung ein paar Sekunden ... Und dann laß los, die Spannung ganz los, da ist nun Entspannung, achte genau auf den Unterschied zur Spannung vorher, und laß die Entspannung tiefer und tiefer werden."

„Das ist was für Drachen", meint Grünenstein. „Mal ganz stark und mal ganz locker, das ist doch so die Drachenweise."

„Dann mach es nachher auch mal mit der anderen Hand", sagst du. „Und später dann mit beiden Händen zusammen."

„Mit den Pfoten", verbessert dich Grünenstein.

„Mit beiden Pfoten", gibst du ihm recht.

„Und das ist Entspannung?" fragt er dann.

„Das Gefühl nach dem Anspannen, wenn du ganz losgelassen hast, wenn die Hand – oder Pfote – ganz

## SPANNUNG UND ENTSPANNUNG

locker ist, das ist Entspannung", sagst du. „Und dieses Gefühl, das kannst du ganz verschieden erreichen. Entweder wenn du vorher anspannst oder mit der Ruhe, der Schwere und der Wärme. Oder sogar mit dem Atem, wie wir das schon mal probiert haben."

„Das sind ja ganz verschiedene Sachen", meint Grünenstein.

„Eigentlich nicht", erwiderst du. „Das sind nur verschiedene Wege. Aber sie führen alle zum gleichen Ziel, zu der Entspannung."

„Also mir gefällt das mit der Spannung und Entspannung am besten", sagt Grünenstein.

„Du bist eben ein Drache", sagst du.

„Aber das mit der Ruhe, Schwere und Wärme find' ich genauso toll", meint er sofort.

„Und was ist mit dem Atem?" fragst du.

„Der Atem ist natürlich am besten", sagt er sofort. „Ist doch klar."

# Grünenstein schießt ein Tor

Wieder bist du im Drachenland, aber Grünenstein ist nirgends zu finden. In seiner Höhle ist er nicht, nicht auf den Klippen, die Dame Schuppenglanz hat keine Ahnung, wo er zu finden sein könnte, und die Möwen am Strand haben ihn auch nicht gesehen. So wanderst du ein wenig über das Innere der Dracheninsel.

Dort gibt es sanfte Hügel, nur mit Gras bewachsen, und hier und da einen einzelnen Baum. Bäche springen die Hänge hinunter. Du kostest: Das Wasser ist wunderbar klar und erfrischend. In den Urwald unter den Hügeln gehst du nicht. Dort verschwinden die Bäche zwischen den Bäumen, aber du weißt nicht, was sich dort unten noch alles verbirgt.

Aber da ist ja Grünenstein! Auf einem Hügel läuft er herum, wirr hin und her. Plötzlich bleibt er stehen und macht ein betrübtes Gesicht. Dann bist du auch schon herangekommen.

STRAFZEIT BEIM FELSENBALL

„Hallo", meint er. „Schön, daß du mitspielen willst. Ich kann dich gut brauchen, ist doch klar."

„Mitspielen?" wunderst du dich.

Dann siehst du die anderen. „Drachenmäuse" – stolz zeigt dir Grünenstein seine Mitspieler. „Wir spielen Ball. Ich bin die eine Mannschaft und sie die andere."

Du mußt schlucken, als du das Rudel Drachenmäuse siehst. Sie blecken ihre Zähne und grinsen dich an.

„Ist das der Ball?" fragst du dann.

„Seht ihr, wie klug das Menschenkind ist?" wendet sich Grünenstein an die Mäuse.

„Daß er aus Stein ist, versteh' ich ja fast", sagst du. „Aber warum ist er denn eckig?"

„Na ja", beichtet dir Grünenstein, „den letzten Ball hab' ich rund gebissen – aber was macht er zum Dank? Rollt doch den Hügel hinunter, hinein in den Urwald." Und Grünenstein zeigt dir eine Schneise zwischen den Bäumen, die der Ball geschlagen haben soll. „Später können wir aber vielleicht einmal suchen. Jetzt hab' ich Strafzeit."

Die Drachenmäuse schieben den Ball mühsam über den Hügel, auf das Tor von Grünenstein zu. Grünenstein aber sitzt mitten auf dem Spielfeld, rührt sich nicht und pflückt Blumen!

„Warum machst du denn nichts?" fragst du. „Gleich gibt es ein Tor."

„Hab' Strafzeit eben", meint Grünenstein und zupft an einer Blume.

„Falsch", piepst da plötzlich eine Drachenmaus, die bei Grünenstein geblieben ist. Grünenstein seufzt, wirft die Blume weg und zupft an der nächsten.

„Das ist aber ein komisches Spiel", sagst du und schielst auf die Mäuse, die mit vereinten Kräften den Felsbrocken näher und näher an Grünensteins Tor heranschieben.

43

*IN DER DRACHENWELT*

„Felsenball eben", meint Grünenstein. „Weil ich auf eine Maus getreten bin, muß ich Blütenblätter
zupfen. So lange sind die Mäuse
im Vorteil."

„Falsch", piepst die Maus
neben Grünenstein wieder.
Sie trägt einen grünen Kopf-
verband.

„Wieso falsch?" fragst du.

„Weil ... Das Blöde ist, ich
darf nur jedes zweite Blüten-
blatt auszupfen", erklärt Grünenstein. „Und ich verzähl' mich doch so leicht."

„Falsch", kreischt es erneut.

„Die armen Blumen", meinst du.

„Das sind eben die Spielregeln", meint Grünenstein. „Da müssen die
Blumen schon leiden."

„Falsch", kreischt es schon wieder.

„So klappt das nie", meinst du. „Versuch's doch mit einem Merkspruch."

Der Drache runzelt die Stirnschuppen. „Mit Mut geht's gut", murmelt
er dann.

„Quatsch", sagst du. „Das paßt doch nicht. Zum Blätterauszupfen
brauchst du doch keinen Mut. Du brauchst Ruhe und Konzentration."

„Bei manchen Blumen braucht man auch Mut", meint Grünenstein.
„Im Urwald nämlich, da gibt es eine Blume ..."

Die Drachenmäuse haben fast das Tor von Grünenstein erreicht, so läßt
du ihn gar nicht ausreden, sondern sagst schnell: „Probier's doch mit

44

dem Atem – und dann als Merkspruch ‚Konzentriert geht's wie geschmiert', das paßt besser."

Grünenstein hält einen Augenblick inne mit dem Blätterauszupfen. Du siehst, wie er auf seinen Atem achtet. Auf das Ausatmen, auf das Einatmen. Sein Atem geht ganz ruhig. Jetzt sagt sich Grünenstein wohl jedesmal „Ruhe" vor, wenn er ausatmet. Und jetzt den Merkspruch. „Konzentriert geht's wie geschmiert", sprichst du laut mit.

Und Grünenstein fängt wieder an, Blätter auszuzupfen. Schon ist er fertig und springt zum Ball. Die Drachenmaus, die diesmal nichts auszusetzen fand, wird vor Ärger ganz grün im Gesicht. Sie gräbt sich ein Loch und verschwindet im Boden.

Jetzt ist Grünenstein am Felsenball. Die Drachenmäuse wollen ihn gerade über die Torlinie schieben. Grünenstein tritt mit all seinem Schwung dagegen, und der Ball schießt weit durch die Luft und verschwindet in den Wolken.

„Tooor!" schreit Grünenstein. „Aber das war das falsche Tor", murmelst du. Irgendwo weit entfernt landet der Fels im Urwald.

## Konzentriert geht's wie geschmiert

# Die zerfallene Stadt

Im Urwald der Drachenwelt ist alles grün und naß. Du bist auf den Rücken von Grünenstein geklettert und hältst dich gut fest. Immer wieder duckst du dich dicht hinter seine kleinen Ohren und den gewaltigen Schädel, wenn das Grün über euch zusammenschlägt. Grünenstein bricht einen Gang durch das Unterholz. „Wie ein Felsenwurm durch Stein", meinst du, so dicht ist das Unterholz. „Nur daß hier alles nach fünf Minuten wieder zugewachsen ist", sagt Grünenstein. „Die Löcher im Stein aber bleiben."

Du pflückst eine gelbe Frucht aus dem Gewirr von Blättern und Zweigen über dir und riechst daran. „Die kannst du ruhig essen", meint Grünenstein. „Die schmeckt gut."

„Du kennst dich hier wohl gut aus", sagst du mißtrauisch.

„Ist doch klar", sagt Grünenstein stolz. „Ich kenne mich überall aus und mach' alles richtig."

„Na ja", meinst du und beißt in die Frucht. Du verziehst dein Gesicht und wirfst sie schnell weg.

„Schälen hättest du sie natürlich schon müssen", meint Grünenstein. Du sagst nichts.

Du sagst auch deshalb nichts, weil ihr auf einer Lichtung im Urwald angekommen seid. Langsam trabt Grünenstein durch die Ruinen einer Stadt. Es ist eine Stadt, fast wie du sie aus der Menschenwelt kennst. Einkaufsläden siehst du und Wohnhäuser. Durch die breiten Straßen ist schon hier und da ein Mammutbaum gebrochen.

„Das ist ja toll", flüsterst du Grünenstein ins Ohr. Der zischt nur etwas und stampft weiter. Auf einem großen Platz bleibt er stehen. Hier war wohl der Marktplatz. Das Grün des Urwalds bricht zwischen den

46

*IN DER DRACHENWELT*

schweren Steinplatten aus dem Boden. Ein großes Gebäude am Rande des Platzes wird wohl das Rathaus gewesen sein.

„Warum die Stadt nur untergegangen ist?" fragst du. „Ob das ein Krieg war oder vielleicht eine Hungersnot?"

„Ganz anders", sagt Grünenstein. „Ihre Bewohner haben etwas verloren."

„Etwas verloren?" fragst du erstaunt. „Was kann das sein? Vielleicht sind die Ölquellen versiegt? Oder das Wissen, wie Strom gemacht wird, ist verlorengegangen?"

„Nein", sagt Grünenstein.

„Was dann?" fragst du.

„Es gibt so etwas wie eine Mitte der Welt", erklärt Grünenstein. „Seien es Tiere, seien es Pflanzen, Drachen oder Menschen – wenn sie die Mitte kennen, ist alles gut. Dann werden sie leben. Der einzelne mag wohl sterben, aber das Ganze bleibt immer lebendig. Wenn das Wissen um diese Mitte aber verlorengeht, dann gehen auch diese Tiere zugrunde, diese Pflanzen, die Drachen – oder hier, diese Menschen. Langsam gehen sie zugrunde, sie merken es anfangs selbst kaum, aber irgendwann ist es dann offenbar, und alles zerfällt. Das ist mit dieser Menschenstadt geschehen, vor langer Zeit."

„Und wo ist diese Mitte der Welt?" fragst du gespannt.

Der Drache legt eine Pfote auf seine linke Brust.

„In *deiner* Brust?" lachst du ungläubig.

„In meinem Herzen und im Herzen jedes anderen Lebewesens und in den Wurzeln der Pflanzen", bestätigt Grünenstein ernst.

„Aber die Menschen hier haben doch sicher ihre Herzen behalten", sagst du.

„Das schon", sagt Grünenstein. „Aber sie lebten immer weniger aus dem eigenen Herzen heraus."

48

„Woraus denn dann?" fragst du.
Grünenstein kratzt sich die Kopfschuppen.
„Bin ich ein Mensch?" fragt er dann fast ein wenig beleidigt. „Ich bin ein Drache und weiß das nicht. Sie taten eben Dinge immer weniger, weil sie es wirklich wollten, sondern weil sie zum Beispiel diese Stücke haben wollten, von denen du auch welche hast …" – „Geldmünzen", unterbrichst du ihn. – „… oder sie hatten Freunde, nicht weil das schön ist, sondern weil sie sich einen Vorteil davon versprachen. Oder was weiß denn ich." Grünenstein kratzt sich noch mal die Kopfschuppen hinter den Ohren.
Du denkst nach und schaust zum zerfallenen Rathaus hinüber. Oben ist eine Uhr angebracht. Die Ziffern sind noch gut zu erkennen, aber die Zeiger sind abgefallen. „Tief innen ist alle Kraft drinnen", sagst du dann nachdenklich. „Das ist ein Merkspruch, den ich einmal gehört hab'", erklärst du dem Drachen. Da schweigt ihr dann beide. „Die letzten Male hab' ich dir einiges beigebracht", sagst du schließlich. „Aber was dieser Spruch eigentlich bedeutet, das hast nun du mir gezeigt."

## Tief innen ist alle Kraft drinnen

# Bei den Muscheltauchern

Die Muscheltaucher sind kleine, menschenähnliche Wesen. Nur ihre grüne, ledrig-schuppige Haut und die Schwimmflossen zwischen Fingern und Zehen zeigen, daß sie schon lange eng mit dem Meer zusammenleben. Ihre kleine Siedlung aus Pfahlhäusern liegt in einer geschützten Bucht. Grünenstein kommt hier öfter vorbei, um ein paar Fische gegen ein oder zwei ausgerissene Baumstämme einzuhandeln. Denn Fisch ißt er gern, und die Muscheltaucher brauchen Holz für ihre Häuser und für ihre Herdfeuer. So haben sie jetzt auch nichts dagegen, daß ihr an der Ausfahrt teilnehmt.

In ihre engen Kanus paßt nicht einmal du hinein, geschweige denn Grünenstein. Aber am Rande der Siedlung liegt ein mächtiges altes Floß auf dem Strand, mit dem früher einige wagemutige junge Fischer Entdeckungsfahrten unternommen haben. Einige Jungleute des Pfahldorfes setzen ein Segel und übernehmen Steuer und Ruder. Und los

TAUSCHGESCHÄFTE

geht es, hinaus aufs offene Meer. Um euer Floß paddeln die Einbäume der Muscheltaucher. Die Jungen auf dem Floß beginnen zu singen. Die am Strand Zurückgebliebenen begleiten den Gesang noch eine Zeitlang mit tiefen Tönen aus Muscheln, in die sie hineinblasen. Frisch braust der Wind in die Segel und durch dein Haar, es ist eine herrliche Fahrt.

Bald habt ihr die Muschelgründe erreicht, und die Arbeit beginnt. Abwechselnd taucht immer einer aus jedem Kanu zu den Muschelbänken auf dem Meeresgrund. In Netzen bringen die Taucher Muscheln herauf und werfen sie in ihre Kanus. Auch die Floßmannschaft beteiligt sich, und bald schon häufen sich Muscheln vor euch. Zwei der Muscheltaucher setzen sich zu euch und beginnen, die Schalen mit Messern zu öffnen und das Fleisch herauszulösen. Sie schnattern dazu in ihrer seltsamen Sprache.

„Das ist ihre Lieblingsspeise", sagt Grünenstein.

## IN DER DRACHENWELT

„Würd' ich nicht essen", sagst du und schaust angeekelt auf das glitschige Muschelfleisch, das sie in einen geflochtenen Korb hineinwerfen.

„Brauchst du auch nicht", sagt Grünenstein. „Die Floßmannschaft hat Netze ausgeworfen. Sicher geht da der ein oder andere Fisch hinein."

Plötzlich stößt einer der Muscheltaucher einen hellen Schrei aus. Er hat eine Perle gefunden. Stolz zeigt er sie her.

„Rauhe Schale, weiches Fleisch und mittendrin eine schimmernde Perle" – Grünenstein ist nachdenklich geworden.

Tiefe Laute tönen ganz nahe. Du schaust aufs Meer und siehst die mächtigen Buckel einer Herde von Walen durch die Wogen pflügen. Vor Staunen bleibt dir der Mund offen. Aber dann bekommst du Angst, denn die Wale schwimmen gerade auf euer Floß zu.

„Wenn sie uns rammen und das Floß zertrümmern!" rufst du.

„Die werden schon ausweichen", meint Grünenstein gleichgültig und kostet ein wenig vom Muschelfleisch. „He, was ist mit dir?" fragt er dann, als er dich so aufgeregt sieht.

„Ich kann nicht schwimmen", sagst du.

„Hauptsache, du kannst fliegen", meint Grünenstein und schlägt mit seinen winzigen Flügeln.

„Das kann ich aber auch nicht." Langsam wird dir recht mulmig, die Wale haben euch gleich erreicht.

„Die sind doch nicht blind", sagt Grünenstein. „Und tun wollen sie uns auch nichts. Also reg dich wieder ab. Du hast mir doch selbst gezeigt, wie das geht. Mit dem Atem und so."

Grünenstein hat recht. Tun kannst du sowieso nichts, also achtest du einfach auf deinen Atem. Du achtest auf deinen Atem, ohne ihn verändern zu wollen. Bei jedem Ausatmen sagst du dir das Wort „Ruhe" vor, nur für dich, in dich hinein, für niemanden sonst ist es zu hören. Du spürst, wie du ruhiger wirst. Dein Atem geht ruhig.

Die Wale schwimmen einen leichten Bogen um euer Floß. So nahe kommen sie an euch vorbei, daß sich das Floß in ihrer Bugwelle deutlich hebt und wieder senkt. Dann sind sie vorüber. Sie rufen noch einmal mit ihren tiefen Stimmen und verschwinden dann in den Weiten des Meeres.

Ein Kanu kommt zu euch herübergepaddelt und legt am Floß an. Zwei Muscheltaucher werfen einen großen glänzenden Fisch vor Grünensteins Füße. Sie schnattern etwas, und Grünenstein lacht. „Das wird mein Abendessen", meint er dann. Und auch für dich haben die Muscheltaucher ein Geschenk. Es ist die schimmernde Perle.

## Wenn ich will, wird alles still

1. Wenn ich will, wird al - les still, ja, wenn ich will, ja, wenn ich will.

2. Wenn ich will,       wird alles gut,
   dann hab' ich Mut,      mit meinem Mut.

# Das Piratenschiff

Du sitzt mit Grünenstein am Meeresstrand. Die Sonne scheint warm vom Himmel. Eure Füße und Pfoten laßt ihr von den Wellen kühlen, und mit den Händen und Pfoten nehmt ihr eine kleine Mahlzeit zu euch. Das heißt, eigentlich seid ihr schon fertig. Du wenigstens hast dir den Bauch reichlich mit Früchten aus dem Urwald vollgeschlagen, nur Grünenstein braucht etwas länger.

„Aber wenn ich die Entspannung einmal ganz schnell machen möchte, was ist denn dann das beste?" fragt er gerade und ißt ein paar Kieselsteine zum Nachtisch, für die Verdauung. „Die Ruhe, Schwere und Wärme, das Fäusteballen und -loslassen oder der Atem?" fragt er genauer nach.

„Der Atem", erklärst du. „So geht die Entspannung am einfachsten und am schnellsten. Und du mußt dazu nichts anderes tun, als was du sonst auch tust."

„So?" fragt Grünenstein und schielt zu den Kokosnüssen hinüber. Offenbar denkt er darüber nach, ob er nicht eine Nach-Nachspeise zu sich nehmen soll. Oder ob er mit dem Essen vielleicht noch einmal ganz von vorne beginnen soll. Aber dann schaut er auf seinen Bauch, seufzt tief und läßt es bleiben.

„Na, du atmest doch auch sonst und wohl ziemlich reichlich", meinst du.

„Ist doch klar", meint Grünenstein und nimmt einen tiefen Zug Meeresluft.
„Und nichts anderes machst du bei der Atementspannung. Nur achtest du dabei eben auf deinen Atem. Und das beruhigt."
„Und das beruhigt", wiederholt Grünenstein. „Aber sag mal", fährt er dann fort, „siehst du auch, was ich sehe?"
„Ich sehe das Meer", sagst du.
„Das sehe ich auch", sagt Grünenstein. „Aber ob da wohl noch etwas anderes ist, was wir beide sehen?"
„Der Himmel? Möwen am Himmel?" Ratlos schaust du Grünenstein an. Der scharrt aufgeregt mit dem schuppigen Schwanz im Sand. Dann atmet er tief durch und sagt: „Wie gut, wenn nur ich es sehe, dann wird es wohl nicht wirklich sein."
„Was denn?" fragst du.
„Ach, bloß dieses Piratenschiff."
Du schaust noch mal aufs Meer – und tatsächlich, fern am Horizont ist ein Schiff zu sehen, das mit vollen Segeln Kurs auf die Insel hält. Ihr steht beide auf. Ihr seid so aufgeregt, daß ihr beide erst einmal eine Atementspannung macht. Das Schiff kommt näher und näher.
„Wir verstecken uns wohl besser", meint Grünenstein. Ihr geht vom Strand zurück zu den Klippen, dort sucht ihr hinter einem Felsbrocken Deckung. Ein paar hundert Meter vom Strand entfernt hält das Schiff. Es kann hier nicht landen, der Strand ist zu flach, und an den Klippen

55

*IN DER DRACHENWELT*

ist es zu gefährlich. Ein Anker wird geworfen. Du siehst Männer auf Deck hin und her huschen. Ab und zu weht der Wind Fetzen von Befehlen zu euch herüber. Das Schiff hat tatsächlich die Piratenflagge gehißt.

„Du hast scharfe Augen", flüsterst du Grünenstein zu. Da siehst du rechts an den Klippen eine Bewegung. Aus einer kleinen Felshöhle taucht ein Ruderboot auf. Ein einziger Mann ist darin. Er steuert auf das Piratenschiff zu. Du spürst, wie dein Herz pocht. Dein Mund ist ganz trocken, du mußt schlucken. Du machst eine kurze Atementspannung. Gleich geht es besser.

Das Boot legt am Piratenschiff an. Eine Strickleiter wird heruntergelassen. Der Mann klettert hinauf und wird oben von einem Piraten empfangen, der einen Federhut trägt. Sie reden etwas und klopfen sich einander auf die Schultern. Dann verschwinden sie in den Aufbauten des Schiffes.

Ihr wartet ein Weilchen, aber nichts mehr geschieht. „Die sind sicher in die Kapitänskajüte gegangen und leeren nun ein Faß Rum", meint Grünenstein. „Da wird heute nichts mehr passieren."

„Wieso weißt du so gut über Piraten Bescheid?" fragst du erstaunt.

„Weil die Insel früher doch mal ein Piratenstützpunkt war", sagt Grünenstein. „Ich erzähl' es dir später. Jetzt gehen wir erst einmal und berichten den anderen von diesem Schiff."

Und ihr macht euch auf, um überall auf der Insel die Neuigkeit zu verkünden.

# Die Kette der Kraft

Drachenhörner über den Klippen schlagen Alarm, Trommeln im Urwald und auf den Hügeln fangen ihre Signale auf und leiten sie weiter. Schnell strömen die Bewohner der Insel zusammen und stehen nun unten, am Fuße der Klippen, verborgen hinter herabgestürzten Steinquadern und in den Grotten der Felswand. Drachen drängeln sich dort, Tiger scharren im Sand, und Riesenschlangen wiegen bedächtig ihr Haupt hin und her. Blaue, koboldähnliche Wesen siehst du aneinandergeschmiegt leise vor sich hinschnattern, Flugechsen lauern am Rande der Felsen.
Das Piratenschiff schaukelt immer noch draußen auf den Wellen des Meeres. Die Segel sind eingeholt worden. Drei Boote wurden zu Wasser gelassen und kommen nun auf die Insel zu. Sie sind voll besetzt. Die Ruderer singen ein Seemannslied. Nur Fetzen dringen bis zu euch herüber.

GOLD UND EDELSTEINE

Nun legen die Boote am Strand an. Männer springen heraus und schieben die Boote mit der nächsten Woge höher in den knirschenden Sand hinauf. Drei Piraten bleiben als Wache zurück. Du siehst, daß sie Gewehre bei sich tragen. Die anderen gehen auf die Stelle der Klippe zu, aus der ihr Kundschafter gekommen ist. Sie verschwinden in der Höhle. Du seufzt auf und setzt dich in den Sand. „Das wird nun sicher wieder eine ganze Weile dauern", denkst du dir.

„Was wollen wir eigentlich machen, wenn sie wiederauftauchen?" fragst du Grünenstein.

„Na, mal sehen", meint der. „Die Piraten sind auf der Dracheninsel nicht gerade beliebt", fährt er dann fort. „Weshalb, das weiß keiner genau. Es hat da wohl mal einen Streit gegeben. Aber wann und warum ... Es ist einfach schon zu lange her. Und die Piraten haben sich dann auch nicht wieder blicken lassen. Bis jetzt."

Grünenstein verstummt, denn es tut sich schon wieder etwas bei der Piratenhöhle. Lautes Rufen dringt aus dem Dunkel. Du stehst auf, um besser sehen zu können. Und dann tauchen auch schon die Männer auf. Vier von ihnen tragen eine große Truhe, die anderen haben ihre Hüte gezogen, singen und lachen und tanzen um die Kiste herum. Fast sind sie bei den Booten angekommen, da stolpert einer der Träger, kommt aus dem Gleichgewicht und fällt hin. Die Truhe stürzt auf den Boden und kippt um. Glänzendes Gold und eine Flut von Edelsteinen ergießen sich über den Strand.

„Das ist der Moment", sagt euer Anführer, ein riesiger grauer Drache. „Angriff!", donnert er und stürmt los. „Angriff!", rufen die anderen aus eurer Gruppe und lärmen ihm nach. Die Flugdrachen entfalten ihre Schwingen und stürzen sich im Gleitflug auf die Piraten. Du springst auf Grünensteins Rücken. „Mit Mut geht's gut", rufst du – und ab geht es, den anderen hinterher.

## IN DER DRACHENWELT

Die Piraten kommen gar nicht zur Gegenwehr. Gerade sind sie noch über die Truhe gebeugt und versuchen, das Gold wieder einzuräumen, da schlagen schon die ersten Felsbrocken der Flugdrachen auf sie nieder. Die Tiger sind nicht weit hinter ihnen. Schreiend flüchten die Piraten. Sie springen in die Boote und rudern eilig in Richtung ihres Segelschiffs. Die Tiger machen am Meeresrand halt. Aber die Flugdrachen lassen nicht locker. Ein paar greifen die Männer in den Booten mit ihren Zähnen und Klauen an. Andere lassen aus großer Höhe Felsen auf die Boote fallen. Einer der Felsen hat anscheinend ein Loch in eines der Boote geschlagen. Es sinkt. Die Piraten aus dem untergehenden Boot schwimmen zu den anderen Booten hinüber. Völlig erschöpft und vom Meerwasser durchnäßt, werden sie hineingezogen.

Die Flugdrachen haben gleich nach dem Sinken des Piratenbootes ihre Angriffe abgebrochen. Sie segeln zurück an den Strand, zur Schatztruhe. Du kniest schon mit Grünenstein und den anderen um die Schätze. Die Kobolde lassen Goldmünzen durch ihre spindeldürren Finger gleiten. Die Tiger spielen mit den Edelsteinen. Der graue Drache aber ergreift eine Kette. Du siehst als einzigen Schmuck einen Bernsteinklumpen. „Das ist doch gar nichts wert", denkst du. Als aber die anderen die unscheinbare Kette in den Händen des grauen Drachen sehen, lassen sie alles andere fallen und verneigen sich stumm.

„Die Kette der Kraft aus der versunkenen Stadt", sagt der graue Drache andächtig.

Du siehst nun im gelben Bernstein einen blendendweißen Punkt strahlen. „Tief innen ist alle Kraft drinnen", sagst du in das Schweigen.

„Du kennst das Zauberwort?" fragt der graue Drache, und alle Blicke richten sich auf dich.

„Wir waren zusammen in der versunkenen Stadt", erklärt Grünenstein. Mittlerweile sind einige Kobolde von der Erkundung der Höhle zurück-

60

## DIE BERNSTEINKETTE

gekehrt. Sie berichten, daß dort noch viel mehr Truhen liegen, alle bis zum Rand gefüllt mit Schätzen.

„Das Gold und die Edelsteine schaffen wir zurück in die versunkene Stadt", entscheidet der graue Drache. „Die Kette aber soll unser sein. Jeden Tag soll ein anderer Bewohner der Drachenwelt sie tragen."
Alle sind einverstanden. Als erster bekommst du die Kette. Grünenstein legt sie dir um den Hals. Alle klatschen und jubeln dir zu. „Das hätte ich nicht gedacht", sagst du und hast Tränen in den Augen. „Ist doch klar", meint Grünenstein und grollt zufrieden. Und dann beginnt ihr mit dem Verladen der Schätze auf breite Drachenrücken, zum Transport in die versunkene Stadt.

# Geschichten im Elfenreich

64 Ruhe und konzentrative Entspannung

67 Die Insel der Ruhe

69 Die Höhle am Berg

71 Perlenmund

74 Der Elfenschlüssel

78 Spuren von Mehl

82 Die alte und die junge Eiche

84 Bauklötze schneiden

88 Farbtöpfchen, füll dich!

91 Am See

93 Die goldene Erbse

96 Die alte Fabrik

99 Die Elfen und der Wollknäuel

102 Krankenbesuch der Elfe

# Ruhe und konzentrative Entspannung

In den Grünensteingeschichten wurde erzählt, was Entspannung eigentlich ist und wie sie eingesetzt werden kann. Entspannung läßt sich aber auch gut über die Geschichten selbst erreichen. Auf den nächsten Seiten steht eine ganze Anzahl solcher Entspannungsgeschichten. Bei manchen der Geschichten geht es mehr um Ruhe. Andere haben die Konzentration zum Thema. Auch manch kleines Abenteuer ist darin enthalten. Die beiden ersten Geschichten sind von ganz besonderer Art. Sie handeln nämlich von einem eigenen Ruheort. Den kann sich jeder in Gedanken selbst einrichten und ab und zu besuchen. Das ist eine Art Gedankenurlaub.

# EINE ART GEDANKENURLAUB

Die Geschichten können einfach vorgelesen werden. Aber es läßt sich auch eine richtige Entspannungsübung aus ihnen machen. Das geht aber nur, wenn jemand sie vorliest. Dann heißt es sich hinlegen, auf den Rücken, die Beine lang ausstrecken und nicht überkreuzen, die Arme neben den Körper. Die Augen sind am besten geschlossen. Und vor jeder Geschichte wird vom Vorlesenden noch der folgende Entspannungstext gesprochen, schön langsam:

Stell dir vor, du liegst ganz ruhig und entspannt.

Deine Arme sind schwer und deine Beine. Du bist schön schwer.

Deine Arme sind warm. Die Wärme strömt durch deinen ganzen Körper, bis in die Füße hinein. Du bist schön warm.

Dein Atem geht ein und aus, ein und aus, ganz ruhig und gleichmäßig, ganz von allein.

Du bist ruhig, schwer und warm.

DEIN EIGENER RUHEORT

Es muß nicht genau dieser Wortlaut sein. Aber die inhaltliche Bedeutung ist wichtig. Der Hörer soll sich genau vorstellen können, was gemeint ist. Also nicht einfach nur zuhören, sondern richtig mitempfinden, wie Arme und Beine schwer sind, wie die Wärme durch den Körper strömt. Und auf den Atem achten. Dann folgt ganz einfach die Geschichte.

Wenn die Entspannung am Tag gemacht wird, sollte nach der Geschichte eine Rücknahme erfolgen. Denn Entspannung heißt eben auch, daß in den Muskeln des Körpers die Spannung nachgelassen hat. Natürlich kehrt sie bald von selbst zurück, wenn der Körper sich wieder bewegt. Besser ist es aber, man hilft dabei. Dazu werden ganz einfach die Hände zu Fäusten geballt, und man reckt und streckt sich ein paarmal. Wenn die Geschichten abends nach dem Zubettgehen vorgelesen werden, dann ist die Rücknahme nicht nötig.

Natürlich lassen sich die genannten Entspannungsformeln auch ohne Geschichten verwenden. Bei Angst zum Beispiel, bei starker Aufregung oder wenn man sich besser konzentrieren möchte. Dann heißt es einfach hingesetzt, den Rücken gerade und aufrecht, die Hände liegen auf den Oberschenkeln, die Füße stehen fest auf dem Boden. Die Augen sind am besten geschlossen. Und dann werden innerlich die Entspannungsformeln vorgesagt. Oder man denkt einfach konzentriert an das, was sie meinen: erst an die Ruhe, dann an die Schwere, dann an die Wärme. Schließlich wird noch etwas auf den Atem geachtet. Abgeschlossen wird das Ganze mit Rücknahme, Strecken und Händeballen. Wenn man etwas ganz Bestimmtes möchte, dann gibt es dazu vielleicht einen Merkspruch. Der läßt sich am besten nach der Entspannung sagen, kurz vor der Rücknahme. „Konzentriert geht's wie geschmiert" ist ein solcher Merkspruch oder „Mit Mut geht's gut". In den Geschichten finden sich noch andere.

*INSELTRÄUME*

# Die Insel der Ruhe

Stell dir eine Insel vor. Stell sie dir genau vor, in deinen eigenen Gedanken. Freundlich liegt sie im hellen Licht.
Vielleicht ziehen sich Strände von weißem Sand um die Insel. Dort laufen Wellen weit hinauf – und wieder zurück, ins endlose Meer.
Vielleicht gibt es auch Klippen, an denen sich die Wogen des Meeres hart brechen.
Dort mögen auch Grotten sein, tiefe Höhlen, in den Fels hineingegraben von der Gewalt des Wassers.
In der Inselmitte erhebt sich ein Berg. Weit ragt er in den Himmel hinein. Wolken streifen seinen Gipfel.
Vielleicht ist die Insel von einem Urwald bedeckt, der nur am Berg spärlicher wird. Vielleicht wachsen hier lichter Wald und wogendes Gras auf den Hügeln.
Vielleicht liegt irgendwo ein Dorf oder sogar eine kleine Stadt, vielleicht ist die Insel menschenleer.

Stell dir vor, wie du langsam über die Insel wanderst und alles erkundest. Vielleicht sind noch andere bei dir, Kinder oder Tiere oder Erwachsene. Vielleicht bist du lieber allein auf deiner Erkundung.
Du gehst an den Stränden entlang, durch einen Wald und über freies

Gras auf den Hügeln. Es ist deine eigene Insel der Ruhe, die du erkundest.

Möwen hörst du, sie schreien immer nur „Fisch, Fisch".

Der Wind streicht sanft über das Gras und säuselt von Stille, Stille.

Du hörst deinen Atem gehen, ein und aus, ein und aus, ganz ruhig und gleichmäßig, ganz von allein.

Du legst dich hin und achtest ein Weilchen nur auf deinen Atem. Du willst ihn nicht verändern, du hörst ihm nur zu.

Bei jedem Ausatmen denkst du das Wort „Ruhe", tief in dich selbst hinein.

Du spürst deinen Atem, ganz tief unten im Bauch.

Dein Atem geht wie der Wind, er ist ganz ruhig.

So liegst du da und fühlst, wie du ruhig bist.

Du fühlst die Schwere deiner Arme. Deine Arme sind schwer. Und deine Beine sind schwer. Dein ganzer Körper ist schön schwer.

Und du fühlst die Wärme in deinen Armen. Deine Arme sind schön warm. Die Wärme strömt durch deinen ganzen Körper, bis in die Füße hinein.

Du bist ruhig, schwer und warm. So liegst du ein Weilchen auf deiner geheimen Insel und fühlst dich gut und entspannt. Du fühlst die Kraft in dir – und die Ruhe.

# Die Höhle am Berg

Stell dir einen Berg vor. Es ist ein Berg der Kraft. Seine Gipfel reichen weit in den Himmel hinein. Sie sind weiß von Schnee und den Feldern der Gletscher. Ein kalter Wind pfeift um die Gipfel. Dort oben sind nur Wind und Schnee und schroffer Stein.
Weiter unten am Berg weiden Kühe auf saftigen Wiesen. Du hörst den Klang ihrer Glocken. Bunte Blumen wiegen sich leicht im Wind. Bienen sind von den Wäldern heraufgeschwärmt, wo sie ihre wilden Nester haben. Sie suchen in den Blumenkelchen nach Nektar.
Noch weiter unten beginnen die Wälder. Sie schmiegen sich an die Flanken des Berges. Kiefern sind es zumeist, die dort stehen. Ihre Zapfen leuchten hoch oben in den Baumspitzen.

Am Fuße des Berges dehnen sich Wiesen aus. Zwischen einigen Felsen versteckt liegt dort der Eingang zu deiner verborgenen Höhle. Du gehst in deine Höhle hinein.
Die Höhle hast du selbst eingerichtet. Stell dir genau vor, wie sie eingerichtet ist, was du alles hergebracht hast. Stell dir vor, wie du deine Höhle selbst eingerichtet hast.
Du legst dich ein Weilchen in deine Höhle.
Du fühlst dich ganz ruhig und entspannt.
Du fühlst die Schwere deiner Arme. Deine Arme sind schwer. Und deine Beine sind schwer. Dein ganzer Körper ist schön schwer.
Du fühlst die Wärme in deinen Armen. Deine Arme sind schön warm. Und die Wärme strömt durch deinen ganzen Körper, bis in deine Füße hinein. Du bist schön warm.
Du bist ruhig, schwer und warm.

## Dein eigener Ruheort

Du hörst deinen Atem gehen, ein und aus, ein und aus, ganz ruhig und gleichmäßig, ganz von allein.

Du achtest ein Weilchen nur noch auf deinen Atem. Du willst ihn nicht verändern, du hörst ihm nur zu. Du spürst ihn, tief unten in deinem Bauch.

Bei jedem Ausatmen denkst du das Wort „Ruhe", tief in dich selbst hinein.

Dein Atem ist wie der Wind über den Wiesen, er ist ganz ruhig.

So liegst du ein Weilchen in deiner geheimen Höhle und fühlst dich gut und entspannt. Du fühlst die Kraft in dir – und die Ruhe.

# Perlenmund

Die Tür in dein Zimmer steht offen. Du horchst hinein. Da klingt es wie Wind; die Stimmen rufen so leise und hell, daß du ein ganzes Weilchen brauchst, sie zu verstehen. Ganz leise trittst du ein und schaust dich verwundert um. Fast durchsichtig, mit einem Schimmer von Regenbogenfarben, streifen Elfen durchs Zimmer. Ziellos laufen sie hin und her und rufen sich Reime zu:

> „Such, such,
> find, find,
> es ist für das Tuch
> von Elfenkind."

Als die Elfen merken, daß du sie entdeckt hast, versuchen einige, sich hinter Büchern und Spielzeug und Kisten zu verstecken. Andere schmiegen sich zitternd aneinander.
„Da müßt ihr ziemlich suchen, wenn ihr etwas finden wollt", sagst du leise, um sie nicht noch mehr zu erschrecken. „Neulich hab' ich meinen roten Ball gesucht, und dann lag er doch draußen im Garten unter dem Fliederbusch."
Die Elfen rücken wieder etwas auseinander und lugen aus ihren Verstekken. Eine tritt mutig hinter der Holzkiste hervor und flüstert: „Wir suchen die Perlen vom Kleide des Elfenkindes. Die wurden plötzlich ganz fest und wirklich und fielen aus seinem Kleid heraus. Über die Elfenwiese rollten sie, durch den Silberwald und die Hänge des Zauberberges hinab. Dann fielen sie durch den Spalt in eure Welt. Und nun sitzt Elfenkind da und weint, denn alle Farben sind aus seinem Kleide verblichen."

IM ELFENREICH

„Ich helfe euch suchen", sagst du.
Die Elfen springen freudig aus ihren Verstecken und laufen wirr durcheinander. Jede schaut genau dort nach, wo gerade die andere gesucht hat.

„Find, find,
such, such,
es ist für das Tuch,
geschwind, geschwind,
vielleicht bei den Steinen,
unter dem Puppenkleid,
Kind soll nicht weinen,
sie sind nicht weit."

„Wir müssen besser suchen", sagst du schließlich, „nicht so durcheinander."
Ihr vereinbart, wer wo schauen soll und daß auch jedes Spielzeug hochgehoben wird, eines nach dem anderen. Trotzdem wollen sich die Perlen nicht finden lassen. Du seufzt.
Auf dem Boden des Zimmers sitzt du und schaust den suchenden Elfen zu.
Neben dir hockt eine Puppe, an die große Holzkiste gelehnt. Sie schaut dich an, mit großen Augen. Du seufzt noch einmal und legst deine Hand auf ihren Bauch. Da rollt eine Perle aus ihrem Mund. Du fängst die Perle auf und zeigst sie vor. Alle Elfen versammeln sich um dich und die Puppe. Immer wieder drückst du der Puppe auf den Bauch, nur ganz sanft. Und immer wieder gibt sie eine neue Perle von sich.
„Jetzt sind es alle", sagt eine der Elfen schließlich. Du drückst noch einmal, aber es kommt nichts mehr.

Die Elfen fassen sich an den Händen und tanzen einen wirbelnden Freudentanz. Du bindest ihnen die Perlen in ein Taschentuch. Sie nehmen es und verabschieden sich. Eine nach der anderen springt durch den Spalt über den Legosteinen und verschwindet wieder in ihrer eigenen Welt. Zuletzt geht die Elfe mit dem Perlentuch. Sie schaut sich noch einmal um und winkt dir zu. Dann ist sie verschwunden, und der Spalt in der Luft schließt sich. Doch eine Perle ist zuletzt noch herausgefallen. Sie rollt über den Fußboden auf dich zu. Du nimmst sie auf und drehst sie zwischen den Fingern.

# Der Elfenschlüssel

„Zuerst sind immer alle ganz eifrig", meint die alte Eidechse und bewegt träge ihren geschuppten Schwanz. „Aber schon nach kurzer Zeit merken sie, wie lang der Eisenbahndamm doch ist. Sie suchen immer weniger sorgfältig und übersehen das meiste."
„Wir machen es besser", sagst du, und die Weinbergschnecken stimmen dir zu.
„Es ist ein ganz kleiner Schlüssel", sagen die Elfen, „und er paßt in die Spielzeugtruhe von Elfenkind. Er ist aus Gold und glänzt, wenn Licht darauf fällt."
„Wir schauen danach", versprichst du, und alle Schnecken nicken bedächtig mit ihren Fühlern. Die Elfen verschwinden durch den Spalt in der Luft wieder in ihre eigene Welt. „Wir trösten Elfenkind", sagen sie und winken euch zu. „Es weint nur und weint. Wir singen ihm Lieder."
Du machst dich nun auf die Suche, die Schnecken begleiten dich. Jeder schaut ganz genau auf seinem Streifen des Bahndamms, ob der Schlüssel irgendwo glänzt, vielleicht zwischen Steinen oder im langen Gras.

„Schau,
schau langsam und genau!"

Du sagst dir deinen Merkspruch vor. Der erinnert dich, sonst hättest du es doch bald vergessen und würdest unachtsam.
Was sich am Bahndamm nicht alles finden läßt! Gewundene Schneckenhäuser liegen da, ein alter Stock. Eine Coladose ist schon völlig verrostet, die Fantabüchse noch frisch. Und Zigarettenschachteln sind da, die eine mehr, die andere weniger verrottet. „Was die hier draußen nur

wollen?" denkst du dir. Dann stockt dir der Atem. Zwischen zwei Grasbüscheln glänzt golden der Schlüssel. Du hebst ihn auf und steigst den Bahndamm hinab.

Vergnügt summst du ein Lied und springst auf den Feldweg neben dem Bahndamm. Dann zwinkerst du überrascht mit den Augen. Am Stamm des alten Apfelbaums neben dem Weg leuchtet ein heller Fleck. Du trittst näher heran. Es ist eine glatte Vertiefung in der Rinde, eckig und hart sieht sie aus, und sie schimmert wie Gold. Oft bist du hier schon vorübergegangen, aber das hast du noch niemals gesehen. Du schaust auf den Schlüssel in deiner Hand. Du steckst ihn hinein. Er paßt genau. Du drehst ihn herum.

Leise beginnt der Apfelbaum zu singen.

Es ist ein Lied ohne Worte. Von der Sonne handelt es, vom Wind, von den Blättern, von der tiefen Wurzelerde, den Steinen im Erdreich, vom Regen, vom brütenden Vogelpaar im Nest auf der Astgabelung, vom

# Die Musik der Natur

Frühling mit seinen Blüten, vom Sommer und von den schwellenden Früchten, vom Herbst und von der Ernte, vom Winter, vom Schnee. Du streichst mit deiner Hand über die Rinde. Du ziehst den Schlüssel heraus. Du atmest ganz tief und gehst weiter.

Dann siehst du das Schlüsselloch in der Wiese. Wieder steckst du den Elfenschlüssel hinein. Das Wiesenlied singt vom Wind, der über die Gräser bläst. Es singt von den Blumen, vom prasselnden Regen an einem heißen Sommertag, von den Mäusen und Maulwürfen und ihren Gängen, vom Lerchenlied und vom Zirpen der Grillen.

Ein Stückchen weiter ist ein Schlüsselloch frei in der Luft. Du drehst den Schlüssel und hörst das Lied aus dem Himmel. Wieder tönt es vom Wind. Und es singt von den Düften aus Äckern und Wiesen, aus Feldern, vom See, von Vogelfedern und ihrer leisen Bewegung, vom Licht, von ziehenden Wolken.

Du nimmst deinen Schlüssel und gehst zum Bahndamm zurück. Am Spalt in der Luft bleibst du lange stehen. Du schließt die Augen. Du achtest auf deinen Atem. Du achtest darauf, wie er geht, ein und aus, ganz von selbst, ganz ruhig und sicher. Dann wirfst du den Schlüssel hindurch. Er verschwindet.

Die Musik ist noch immer in deinem Kopf. Ganz langsam wird sie nun schwächer. Dahinter klingen die Melodien all der anderen kleinen Dinge der Welt. Wenn du die Dinge nur genau anschaust, kannst du sie hören, vielleicht.

# Spuren von Mehl

Beim Bäcker brennt jeden Morgen schon Licht, wenn die anderen Fenster noch schwarz und blind auf die Straßen starren. Um diese Zeit ist die Luft kühl und rein, und alle Schritte hallen von den Wänden der Häuser zurück.

Eine Katze streicht über den Weg – und duckt sich hinter dem parkenden Auto. Ihr Blick hängt am Bäckerhaus. Vom ersten Stock tanzen Lichter die Treppe hinunter. Es sind entzündete Kerzen. Kurz flackern die Flammen, als sie eine nach der anderen durch die Katzenklappe ins Freie huschen. Dann brennen sie wieder hell. Rasch bewegen sie sich weiter, eilig im Gänsemarsch, am steinernen Brunnen vorbei.

Dicht schmiegt sich die Katze an den Asphalt, und im ersten Morgenlicht kann sie es sehen: Die Träger der Kerzen sind Elfen. In der rechten Hand trägt jede eine Kerze, die linke umfaßt eine Perle. Eine Elfe nach der anderen tanzt durch das Rosentor am Garten hinter dem Brunnen. Dort ist ein Spalt in der Luft, in dem sie alle verschwinden. Auf der anderen Seite des Tores kommt keines der Lichter hervor.

Die Katze will sich gerade wieder aus ihrem Versteck erheben, da schlüpft noch eine Elfe mit einer Kerze aus der Bäckerei. Sie hat den Anschluß verloren. Unsicher irrt sie hierhin und dahin, tanzt einmal um den Brunnen herum; schließlich eilt sie die Milchgasse hoch. Dann ist sie um eine Ecke verschwunden. Die Katze kauert noch ein ganzes Weilchen hinter dem Auto und starrt auf die Tür des Bäckerhauses.

Viele Stunden später am Tag schlenderst du die Milchgasse hinunter. Du willst zur Bäckerei am Brunnen, da gibt es die besten Brezeln weit und breit. Du summst ein Lied vor dich hin und läßt die Blicke wandern. Heute ist Müllabfuhr. Hinter der überquellenden Mülltonne an der Ecke,

nur ein paar Häuser vom Bäckerladen entfernt, bewegt sich dort nicht etwas? Du trittst näher und schaust über die Tonne. Da kauert die verlorene Elfe. Sie zittert und duckt sich unter deinem Blick. Neben ihr liegt eine erloschene Kerze. Ihre Hand aber schließt sich fest um die Perle. Du stehst nur und staunst und weißt nicht, was du sagen sollst. „Elfenkind hat wieder einmal seine Perlen verloren", flüstert die Elfe und schlägt ihre Augen nieder. „Wir sprangen durch den Spalt in die Welt, und in der Bäckerei haben wir sie gefunden. Ich hab' die letzte entdeckt, sie war auf ein Backblech gefallen", erklärt dir die Elfe. „Der Bäcker formte gerade die letzten Brezeln und legte sie auf das Blech. Da mußte ich warten. Die anderen stiegen schon die Treppe hinunter. Als der Bäcker sich nach der Lauge umsah, sprang ich hinzu und fischte die Perle vom Blech. Doch als ich dann durch die Katzenklappe schlüpfte, waren die anderen verschwunden."

IM ELFENREICH

„Und du hast den Weg nicht gefunden?" fragst du.
„Am Brunnen wußte ich die Richtung nicht mehr", flüstert die Elfe.
„Dann schauen wir zusammen", sagst du.
An der Bäckerei mußt du dann lachen. „Was sind denn das für weiße Spuren auf dem Weg?" fragst du und deutest darauf.
„Das müssen die Spuren der anderen sein", flüstert die Elfe. „Die sind wohl in Mehl getreten, so sieht man sie gut."
„Daß du die Spuren heut nacht nicht gesehen hast!" wunderst du dich.
„Ich war ganz durcheinander, ich hab' kaum geschaut. Das Rosentor hab' ich gesucht und nicht auf Spuren geachtet", flüstert die Elfe.
„Wenn du aufgeregt bist und ruhig werden willst, dann achte auf deinen Atem", sagst du. „Dann wirst du ruhiger. Bei jedem Ausatmen sagst du dir das Wort ‚Ruhe', ganz tief in dich hinein."
Schon seid ihr am Rosentor. Dort hören die Mehlspuren auf. Die Elfe winkt dir noch einmal zu und schenkt dir zum Abschied ihre Kerze. Du winkst zurück. Dann tritt die Elfe durchs Rosentor. Durch den Spalt in der Luft verschwindet sie wieder in ihre eigene Welt.

## Überlegen, dann sich regen

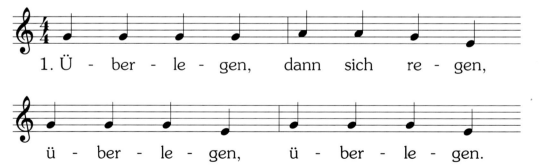

1. Ü - ber - le - gen, dann sich re - gen,
ü - ber - le - gen, ü - ber - le - gen.

2. Nicht verzagen, auch was sagen
und was wagen und was wagen.

# Die alte und die junge Eiche

Auf dem Hügel in der Nähe des großen Waldes steht die alte Eiche. Die Holzfäller haben sie stehenlassen, denn sie ist ein Wahrzeichen der ganzen Umgebung. Jeder kennt die Eiche. Alle Vögel, so weit nur der Himmel reicht, kennen sie und auch die Rehe und Hasen, die manchmal in der Dämmerung aus dem Wald herauskommen. Auch die Menschen aus dem Dorf im Tal kommen gerne herauf. Vor allem die Alten und die Kinder. Von hier haben sie eine weite Aussicht über das Land. Einige Äste der alten Eiche sind abgestorben, blattlos recken sie sich in den Himmel hinein. Aber die meisten Zweige schlagen jeden Frühling von neuem aus und zaubern grüne, saftige Blätter aus dem harten Holz hervor.

Du fährst mit den Händen über die runzlige Rinde der Eiche. Dann legst du eine Wange an ihren Stamm. Du umfaßt die Eiche mit deinen

DIE KRAFT IM INNEREN

Händen, so weit es nur geht. Fast meinst du, eine gewaltige Kraft tief innen spüren zu können, tief versteckt im Holz: eine Kraft, die den Baum erhält, durch die Jahrhunderte, bis in unsere Zeit.

Ein Flugzeug dröhnt am Himmel. Die Eiche stand schon hier, als es noch gar keine Flugzeuge gab, keine Autos, kein Fernsehen oder Radio. Vielleicht haben früher Schafe unter ihr geweidet, und unten im Tal auf den Äckern gingen Bauern hinter Pferden und dem einfachen Pflug. Die Arbeit war hart. Stiller war es damals, es gab Ruhe, viel mehr Ruhe. Und etwas von all dieser Ruhe meinst du heute zu spüren, in diesem uralten Baum.

Ein Dutzend Schritte vom mächtigen Stamm entfernt schlug eine Eichel aus. Das ist schon Jahre her, heute wächst ein schlankes Bäumchen hinauf, die Rinde ist noch glatt und mit einer Hand leicht zu umfassen.

Du streichst über Blätter und Rinde der jungen Eiche. Sie sieht so klein aus, fast hilflos – und doch liegt eine gewaltige Kraft in ihr. Denn sie hat die Kraft, so hoch und mächtig zu werden wie die alte Eiche, in deren Nähe sie wächst.

Du streichst noch einmal über die glatte Rinde der jungen Eiche und fragst dich, wo ihre Kraft denn verborgen ist. Irgendwo innen, vielleicht in den Wurzeln oder im innersten Holz ihres Stammes? Oder im Grün ihrer Blätter? Wahrscheinlich aber ist es alles zusammen, denn alles das braucht der Baum, um zu leben. Seine Kraft ist ganz still. Sie ist stärker als alle Motoren der Welt, denn die leben nicht selbst und können nicht wachsen. Alle große Kraft ist innen und still.

Du streichst noch einmal über die Blätter der jungen Eiche und wendest dich dann hinüber zur alten. „Wiedersehen, Eiche", sagst du. „Wiedersehen, Eiche." Und dann gehst du langsam den Hügel hinunter nach Hause.

# Bauklötze schneiden

Auf den Feldern liegt helles Licht. Über dir tönen zwei Lerchen in der Luft. Du singst ein kleines Wanderlied und streichst mit den Händen über schwere Weizenähren am Wegrand. Ein paar Mohnblumen haben sich unter das Korn gemischt. Ihre roten Kelche leuchten wie Feuer. Du beugst dich hinunter, um an einer Mohnblume zu riechen, aber sie duftet gar nicht. Schnell fährst du mit dem Kopf wieder zurück, denn eine Hummel drängt heran und läßt sich in der Blüte nieder.

Dein Blick schweift über die Felder, bis hinüber zum nahen Wäldchen. Da meinst du, etwas wie ein fernes, hohes Rufen zu hören. Du spitzt die Ohren: Nein, Grillen sind das nicht, und auch die Lerchen singen ganz anders. Du meinst sogar, es ruft deinen Namen. Du gehst in die Richtung der Stimmen.

Im Schatten des Wäldchens siehst du sie dann versammelt. Eine ganze Schar Elfen hat sich dort niedergelassen und schaut dir entgegen. „Endlich", rufen sie mit ihren feinen Stimmchen und springen auf, als du zu ihnen trittst.

„Elfenkind hat nach Bauklötzen gefragt", wispert dir eine der Elfen zu. „In einem Bilderbuch aus der Menschenwelt hat es sie gesehen, nun möchte es auch welche haben."

„Ich geb' ihm ein paar von meinen", sagst du.
„Das geht nicht", flüstert eine andere Elfe. „Wir können keine fertigen Menschendinge in unsere Welt hinübernehmen. Wir müssen die Klötze selbst machen."
Die Elfen fassen dich an den Händen und ziehen dich mit. Durchs Wäldchen und über die Felder geht ihr. Sie singen ein munteres Lied. Die Schreinerei am Dorfrand kennst du. Du warst einmal mit, als deine Eltern dort Bretter geholt haben. „Man wird euch doch sehen", sagst du erschrocken.
„Nicht wenn wir alle zusammenbleiben, dann sind wir für Menschenaugen unsichtbar – und du mit uns", flüstern die Elfen. „Nur allein und verlassen werden wir sichtbar. Aber ein Menschenkind muß mit uns sein und uns helfen, sonst kommen wir nicht in die Werkstatt hinein. Es ist Mittagszeit. Wir sind dort ganz ungestört."
So geht ihr hinein. In einem Werkraum der Schreinerei findet ihr Tische und Werkzeug. Sägen hängen an den Wänden, Hobel, Raspeln und Messer liegen auf den schweren Holzplatten. Die Elfen legen ihr Holz auf den Tisch, das sie im Wäldchen gesammelt haben. Fröhlich machen sie sich an die Arbeit. Die Späne fliegen, und bald hat sich ein Häufchen von winzig kleinen Bauklötzen in der Mitte des Werktisches angesammelt.
Plötzlich taucht Scheherazade, die alte Katze der Schreinerei, auf einem Bretterstapel auf. Sie starrt mit großen Augen auf das merkwürdige Schauspiel. Dann duckt sie sich, als wollte sie springen, und faucht. Die Elfen kreischen auf und versuchen, sich zu verstecken. „Ganz ruhig", sagst du und gehst zu Scheherazade. Mißtrauisch verfolgt sie jede deiner Bewegungen. Immer tiefer duckt sie sich. Als deine Hand herunterkommt, ist die Katze ganz angespannt. Als du sie streichelst, wird sie ruhiger. Plötzlich wendet sie sich um, springt vom Bretterstapel her-

IM ELFENREICH

unter und verschwindet in den großen Hauptraum der Schreinerei. Erleichtert kommen die Elfen hinter Kisten und Bänken hervor und machen sich wieder an ihre Arbeit.

Vom Hauptraum der Schreinerei hörst du Stimmengemurmel. „Mal schauen, ob da etwas ist, vielleicht sind es wieder Mäuse", hörst du einen Mann sprechen. „Seit wann fürchtet Scheherazade sich denn vor Mäusen?" poltert ein zweiter. Dann tönen Schritte. Einer der Männer kommt in den Werkraum. Vor der Werkbank bleibt er stehen. Seine Augen scheinen überzuquellen.

„Ich denk', er kann uns nicht sehen", flüsterst du einer Elfe zu.

„Kann er auch nicht", wispert sie zurück.

„Die Werkzeuge!" fällt es dir ein. Euch sieht er nicht, aber die Sägen und Raspeln und Messer, die sich bewegen, ganz wie von Geisterhand, das sieht er genau! „Legt alles hin", wendest du dich an die Elfen, „alle Klötze und Werkzeuge hier auf den Tisch!" Die Elfen gehorchen erschrocken. Bald kommt auch das letzte Schnitzmesser zitternd zur Ruhe. „Nun still, ganz still", flüsterst du. „Achtet nur auf euren Atem." Eine Weile ist es mucksmäuschenstill. Der Mann steht einfach nur da. Er schluckt. Er schaut auf die Bierflasche in seiner Hand. Er reibt sich die Augen. Dann murmelt er etwas und geht.

„War was?" hörst du die andere Stimme im großen Raum fragen. Die Antwort ist nicht zu verstehen, aber die beiden gehen wieder hinaus, wo die anderen Schreiner noch Mittagszeit halten.

Flugs setzen die Elfen ihre Arbeit fort.

Bald seid ihr fertig. Die letzten Flächen sind mit Schmirgelpapier glattgezogen, die Ecken gerundet. Die Elfen packen alles in einen großen

Sack. „Da wird sich Elfenkind freuen", flüstern sie. Ihr verlaßt die Schreinerei. Draußen sitzen die Schreiner um einen Tisch. Ein paar Flaschen stehen darauf, die Brote haben sie alle schon gegessen. Sie lachen gerade, als ihr im Gänsemarsch an ihnen vorüberschleicht. „Und dann haben sich die Sägen von allein bewegt, Horst?" spottet einer und hält sich den Bauch. „Ob das wohl Feen waren – oder gar Heinzelmännchen?" Wieder lachen alle schallend. Nur einer lacht nicht. Er sagt auch nichts mehr, er starrt nur auf die Tischplatte.

Dann seid ihr vorbei, und die Elfen verabschieden sich. Sie rufen mit ihren hellen Stimmen, und ein Spalt tut sich auf, mitten in der Luft. Eine Elfe nach der anderen springt hindurch, schon sind sie alle verschwunden. Dann schließt sich der Spalt. Die letzte Elfe hat ein Bauklötzchen verloren. Du hebst es auf und drehst es in deinen Fingern. Dann steckst du es in deine Tasche und gehst langsam wieder nach Hause.

## Ich weiß, ich kann, ich bleibe dran

2. Ich weiß, ich kann,
   fang's nicht nur an,
   ich weiß, ich kann,
   ich weiß, ich kann.

3. Ich weiß, ich kann,
   drum bleib' ich dran,
   fang's nicht nur an,
   ich weiß, ich kann.

# Farbtöpfchen, füll dich!

Du gehst die Straße hinunter, da hörst du leises Rufen. Du schaust dich um. Hinter der Stachelbeerhecke des Vorgartens siehst du sie zusammengedrängt: eine Schar schimmernder Elfen. Schnell schlüpfen sie nun durchs Gartentor hinaus zu dir auf die Straße.
„Elfenkind hat unsere Farbtöpfe verschüttet", klagen sie dir ihr Leid. „Und bald wird es Herbst im Elfenreich. Dann müssen wir die Blätter der Bäume mit Tupfen versehen, mit gelben, mit braunen, mit feurig roten. Den Äpfeln müssen wir Backen malen. Und die Birnen, die möchten gern gelb sein. Und blau dann die Pflaumen!"
Du bemerkst, daß jede Elfe einen Farbtopf dabeihat. Sie zeigen dir ihre Töpfe her: Alle sind leer. „Hilf uns", flehen die Elfen dich an.
Erst weißt du nicht, wie. Aber dann hast du eine Idee. „Kommt mit", sagst du, und die Elfen jubeln und tanzen im Kreis. Du gehst langsam los, und sie trippeln eine nach der anderen hinter dir her.

FARBEN FÜR DEN HERBST

Zwei Straßen weiter gehst du eine breite Autoeinfahrt hinein. Niemand ist zu sehen. Aber ein Tor der Doppelgarage steht auf. Vor dem anderen Garagentor parkt ein Lieferwagen. An seiner Seite steht eine Aufschrift: „Maler Marquardt". Du liest sie den Elfen vor. Dann zeigst du aufs offene Garagentor: „Da drinnen findet ihr alles, was ihr braucht. Ihr müßt nur nach den richtigen Farben suchen."

In der Doppelgarage ist nämlich das Farbenlager. Begeistert machen sich die Elfen über die vielen Kübel her. In den meisten Kübeln ist Weiß, aber bald haben die Elfen auch ihre Herbstfarben gefunden. Sie öffnen die Kübel und schütten etwas Farbe in ihre kleinen Töpfe um. Dabei passiert es! Eines der Farbtöpfchen fällt um. Rote Farbe ergießt sich über die Füße der Elfe, die nicht richtig festgehalten hat. Du holst ein paar Lappen und tupfst die Lache vom Boden auf.

Ein Fenster des Hauses öffnet sich. Eine Frau schaut heraus, zu den Garagen hinüber. Die Elfen flüstern ängstlich und schmiegen sich aneinander. „Wenn wir zusammenbleiben, sind wir ja unsichtbar", flüstert die eine. „Dann seid doch nicht so aufgeregt", meinst du. „Achtet ein-

IM ELFENREICH

fach auf euren Atem." So steht ihr ein Weilchen. Die Elfen sind ruhig geworden. Das Fenster schließt sich wieder, und die Elfen fahren fort, ihre Töpfe zu füllen.
Als sie die Töpfchen gefüllt haben, verschließen sie die großen Kübel und stellen sie wieder an ihren Platz. Eine Elfe legt drei große Goldstücke auf den vordersten Kübel. Das ist für die Farbe. Dann packen sie ihre Töpfchen, und es geht wieder aus dem Farbenlager heraus. Gerade noch rechtzeitig! Kaum seid ihr um die Ecke verschwunden, braust ein Auto in die Einfahrt. Vor der Garage bleibt es stehen. Ein Mann im Malerkittel steigt aus. „Andreas", ruft eine Frauenstimme vom Haus her. „Schau doch mal in der Werkstatt nach. Ich glaube, da war was."
Der Mann steht sprachlos vor der Garage. Er kratzt sich am Kopf. Sein Blick wandert die rote Farbspur entlang, von der Straße über die Einfahrt bis ins Innere seines Farbenlagers. Er geht hinein. Stumm schaut er sich um. An einem Farbklecks endet die Spur. Oder sie beginnt hier, sagt sich der Mann. Er sieht die Goldstücke auf dem Farbkübel liegen. Er nimmt eines auf und dreht es in seiner Hand. Er schüttelt den Kopf und kratzt sich noch mal hinter dem Ohr.
Die Elfen aber sind schon lange wieder in ihr eigenes Land verschwunden. Sie schwingen die Farbtöpfe fröhlich umher. Nun kann der Herbst kommen, im Elfenreich.

90

# Am See

Der See liegt im Wald, eine Stunde von der nächsten Autostraße entfernt. Du sitzt am Rande im Gras und schaust über die weite Fläche. Leichte Wellen gehen auf und ab, das Sonnenlicht schimmert darauf, die Spiegelbilder der Bäume tanzen auf ihnen den Wassertanz. Die Wellen kommen wohl von dem Entenpaar – das schwimmt in der Mitte des Sees, einfach nur so, dicht beieinander. Oder sie sind von einem Karpfen, der aus der Tiefe des Wassers auftaucht, um einmal nach Luft zu schnappen. Oder vom Wind. Die Wellen gehen auf und ab. Du schaust ihnen zu und merkst, wie du ruhig wirst. Du schließt die Augen und stellst dir die Wellen in deinen Gedanken vor. Du merkst, wie du noch ruhiger wirst.
Dann schaust du wieder über den See. Am seitlichen Ufer steht Schilf. Du hörst im Wind das harte Aneinanderschlagen der Halme. Braune Rohrkolben bewegen sich schwer. Ein Wasservogel schreit aus dem Schilf. Vielleicht hat er dort sein Nest gebaut, zwischen den Halmen. Da schwankt es nun leicht hin und her, mit den Halmen, den Wellen, dem Wind. Und abends wiegt es ihn in den Schlaf.
Du überlegst, daß hier wohl die Tiere des Waldes zur Tränke kommen, wenn es Nacht ist und sie sich aus dem Verborgenen herauswagen. Vielleicht hoppelt dann ein Hase heran. Oder ein Reh steht scheu und prüft die Luft, bevor es heraustritt. Und später mögen noch Wildschweine kommen. Du schaust, ob du Spuren im Gras finden kannst. Da ist etwas, aber du bist dir nicht sicher.
Und wieder schaust du über das Wasser. Wie es daliegt, als gäbe es sonst nichts. So weit, so glatt. Fast scheint es dir, als würde der See träumen. Vielleicht ist dort unten auch tatsächlich irgendwo eine

Nymphe verborgen, die träumt und sich nur manchmal bei Nacht im Mondlicht zeigt, mit goldenen Haaren, die dann ihr Lied singt, aus einer anderen Zeit. Doch du bist sicher. Wenn man in den Waldsee hinabtauchen würde, da fände sich nichts. Nur Schlick, nur brauner Schlamm und grobe Steine. Keine Nymphe, keine Muschel, in der sie ihre Wohnung hat, kein goldener Kamm und keine Perlen von ihren Tränen.
So sitzt du einfach da und schaust über das Wasser. Wellen laufen darüber. Wie sie vergehen, so entstehen sie neu. Die Wellen sind wie dein Atem: auf und ab, ein und aus, immer der gleiche Wechsel und die gleiche Ruhe im Wechsel. Du schaust in das Auf und Ab der Wellen und merkst: Sie werden langsam dein Atem.

# Die goldene Erbse

Es ist Abend geworden, du schaust gegen die untergehende Sonne. Elfen huschen die Straße hinunter. Du läufst hinterher. Im Gänsemarsch geht es, bis zum Brunnen unter der Linde. Über dem Brunnen klafft ein Spalt in der Luft. Auf unsichtbaren Stufen steigen die Elfen hinauf und schlüpfen eine nach der anderen hindurch. Hinter der letzten drängst auch du dich hinein.

Donner! Helle Blitze, die kennst du, vom Sommergewitter. Aber der dunkle, der in diesem Augenblick quer über den Himmel fährt – daß es so etwas gibt, das wußtest du nicht. Jemand schreit. Du spürst nur noch, wie du stürzt. Als du die Augen wieder aufschlägst, liegst du im Sand. Hoch über dir schimmert der Spalt in der Luft.

Neben dir stöhnt etwas. Du wendest den Blick – dort liegt eine Elfe im Sand. Sie massiert sich den Fuß. Als sie bemerkt, daß du sie anschaust, flüstert sie: „Das hättest du nicht tun dürfen. Es war nicht recht, uns heimlich nachzuschleichen. Hättest du doch nur gefragt ..."

„Hast du dir weh getan?" fragst du.

„Jetzt sitzen wir vielleicht für immer hier." Die Elfe verbirgt ihr Gesicht in den Händen.

„Wo sind denn die anderen?" fragst du.

„Die sind weitergegangen, ins Elfenland", flüstert die Elfe. „Unter deinen schweren Schritten brach die Brücke. Nun sind wir in einer anderen Welt."

Du schaust dich um. Der Sandfleck um euch wird kleiner und kleiner. Die Hügel zur Rechten scheinen aus Asche zu bestehen, sie rauchen hell in den dunklen Himmel hinein. Papierfetzen wehen zu euch herüber. Du fängst einen auf. Es ist dasselbe Papier, in das manchmal deine

*IM ELFENREICH*

Brote eingewickelt sind und das du unterwegs auf der Straße liegenläßt. Ihr zieht die Köpfe ein, denn ein Hagel vertrockneter Kaugummis geht auf euch nieder. Aus einem Berg quillt plötzlich etwas hervor und strömt auf euch zu. Ihr springt auf die Beine. Eine Flut von Spinat und Lauchgemüse verschlingt die Hälfte eurer Sandinsel und strömt weiter, an euch vorbei.

Die Elfe nimmt dich an der Hand, und ihr geht los. Durch Berge von kaputtgeschlagenen Spielsachen führt euer Weg. Puppen mit ausgerissenen Armen quietschen euch zu. Dann kreuzen die Gleise einer Modelleisenbahn euren Weg. Da kommt schon der Zug – und entgleist. Jemand hat Holzklötze über die Schienen gelegt. Funken schlagen aus den Schienen. Die Räder der Wagen drehen sich noch ein wenig und stehen dann still. Du hilfst der Elfe hinüber. Mit ihrem verletzten Fuß kann sie schlecht laufen.

Ihr wollt euch setzen, doch überall ist es schmutzig. Du schaust dir den Schmutz genau an: Er ist wie Schmutz an den Sohlen von Schuhen, wenn du von draußen ins Haus gerannt bist. Klebrige Pfützen sammeln sich in den Spuren der Schuhe. Irgendwie erinnern sie dich an all die verschütteten Säfte und Tees und Limonaden zu Hause. Und an verkleckerten Sirup.

Dann endlich ein freier Fleck. Du hilfst der Elfe hinüber, und ihr setzt euch nebeneinander. Seufzend lehnt sich die Elfe an dich.

„Danke", flüstert sie.

„Ich bin doch an allem schuld", sagst du traurig.

„Aber du hilfst mir", antwortet sie. „Das macht alles wieder gut."

Hinter euch lacht es. Ein dürrer Zottelaffe turnt in einem abgestorbenen Baum. Er wirft dir etwas hinüber. Es ist eine Erbse. Sie leuchtet wie Gold.

Du zeigst sie der Elfe. Sie dreht sie in ihren Fingern. Dann lächelt sie

leicht und schaut dich an. „Die kleinste Tat, wenn sie nur gut ist, zeigt Früchte. Manchmal siehst du sie nicht, aber irgendwann … dann helfen sie aus vielem heraus."

Sie wirft die goldene Erbse vor euch in den schmutzigen Boden. Blitzschnell wächst eine Pflanze daraus. Immer größer wird sie und windet sich hinein in den Himmel. Ihr seid auf eines der Blätter gefallen, da geht es nun brausend hinauf. Oben im Himmel tut sich auf jeder Seite ein Spalt auf. Das Blatt liegt still. Du schaust zur Elfe. Sie lächelt. Ihr verabschiedet euch. Sie tritt in der einen Richtung durch den Spalt und geht in die Elfenwelt. Du nimmst die andere Richtung. Schon stehst du wieder unter dem Lindenbaum. Der Brunnen gluckst geheimnisvoll wie immer. Über dir schließt sich der Spalt in der Luft. Langsam gehst du nach Hause.

# Die alte Fabrik

Der Boden des alten Fabrikgeländes besteht aus schweren Betonplatten. Die werden auch in hundert Jahren noch liegen. In den Spalten
zwischen ihnen aber wuchern Gras und Löwenzahn. An einigen Stellen, wo keine Betonplatten ausgelegt sind, hat sich ein Dickicht von
Weißdornbüschen ausgebreitet. Zwei hohe Pappeln und ein paar
Birken stehen am Rande.

Auf dem Fabrikgelände lagern Kanalisationsrohre, die dicksten sind so
hoch wie ein Mensch. Ab und zu kommen Laster in den Hof und trans-
portieren ein paar davon ab oder lagern andere ein. Die Backsteinge-
bäude der alten Fabrik aber stehen verlassen. Drinnen liegt der dicke
Staub von Jahrzehnten. Und wenn du dich bückst und den Staub weg-
bläst, dann findest du Steine und Glassplitter. Denn die zahlreichen
Fensterscheiben sind alle eingeschlagen oder eingedrückt vom Sturm.
So wird heute nur noch der Hof genutzt, um Rohre zu lagern. Sonst
geht hier kein Mensch, denn das Betreten ist verboten. Die Zäune sind
rostig und an manchen Stellen zusammengefallen. Um das alte Fabrikgelände kümmert sich keiner. So ist es die Heimat von Igeln geworden,
hier brüten zahlreiche Vögel, und es ist das Jagdrevier von Peterle, dem
schwarzen Kater.

Peterle ist ein wilder Jäger. Er ist der Schrecken der Spatzen und
Mäuse. Nur an die Igel wagt er sich nicht mehr heran, nachdem er sich
einmal die Pfote an ihrem Stachelkleid verletzt hat. Er ist hier König,
das sieht man ihm an, wenn er stolz über die Betonplatten und über das
wilde Gras schreitet.

Am liebsten aber liegt Peterle auf einem sonnigen Plätzchen neben den
Weißdornbüschen. Alle viere hat er von sich gestreckt. Seine Ohren

## Im Elfenreich

bewegen sich leicht. Vielleicht folgen sie dem Lied der Amsel auf der Birke am Stacheldrahtzaun, vielleicht lauschen sie auch nach innen, einem Traum nach. Denn Peterle hat die Augen geschlossen. Er liegt nur da, im warmen Licht, und schöpft sich Kraft aus der Stille.

Die Spatzen im Gebüsch sehen das alles genau. Doch sie sind klug, keiner flattert zu nah an den Kater heran. Sie haben von seinen Pranken gehört und davon, wie blitzschnell sich Peterle bewegen kann, wenn er will.

Die Pfoten von Peterle liegen schwer auf der Erde. Ruhig und schwer liegen sie einfach nur da.

Peterle ist schön warm. Das ist eine Wärme, die von innen kommt, aus seinem Leib, sie durchströmt seinen ganzen Körper.

Peterle schnurrt leise. Vielleicht schläft er gerade wirklich und träumt, vielleicht schnurrt er auch nur seinem Atem nach. Der Atem geht ein und aus, ein und aus, ganz leicht und sacht und dennoch tief, bis ganz unten in den Bauch von Peterle hinein. Der Atem geht ruhig und langsam, immer nur hin und her, wie sich ein Blatt im Wind bewegt.

So liegt Peterle da, neben den Weißdornhecken auf dem alten Fabrikgelände. Er liegt da und fühlt sich ganz ruhig, schwer und warm. Hier schöpft er sich Kraft aus der Stille. Er fühlt die neue Kraft tief in sich wachsen.

# Die Elfen und der Wollknäuel

Der Spalt im Himmel steht weit offen. Erst traust du dich nicht heran, doch dann hörst du deinen Namen rufen, von der anderen Seite. Du nimmst deinen Mut zusammen und trittst hindurch.

Eine Elfe wartet auf dich. Nun seufzt sie, als sie dich sieht. „Wir sind in Not und wissen nicht weiter", beginnt sie. „Da haben wir einfach gerufen."

„Wobei braucht ihr denn Hilfe?" fragst du.

„Komm, ich zeige es dir", flüstert sie scheu.

Du gehst mit ihr, und ihr kommt an den Fluß. Am Ufer türmt sich ein Berg. Es ist ein riesiger Wollknäuel, verwirrt in sich selbst.

„Auf uns liegt ein Zauber", erklärt dir die Elfe. „Für ein Vergehen vor langer Zeit erhielten wir eine Strafe. Wenn wir den Wollknäuel nicht entwirren, dann werden wir langsam unsichtbar, bis wir schließlich gar nicht mehr vorhanden sind. Nur unsere Kleider bleiben dann übrig."

Du schaust ein Weilchen zu, wie die Elfen sich mit dem Knäuel abmühen. Den Anfang haben sie wohl gefunden. Die eine Elfe zupft hier, die andere da. Es ist ja eine langweilige Arbeit, und so kommen sie denn ins Schwatzen und vergessen dabei, den Faden richtig weiterzuführen.

„So geht das immer", seufzt deine Begleiterin. „Was können wir nur dagegen tun? Du bist doch ein Menschenkind und weißt vielleicht einen Rat."

IM ELFENREICH

„Ihr müßt euch besser konzentrieren. Versucht es doch einmal mit einem Spruch", sagst du.
„Wie soll der gehen?" fragt die Elfe neugierig.
„Na, zum Beispiel:

> Den Faden nicht verlieren,
> sich konzentrieren!"

meinst du.
„Das ist gut, das paßt", freut sich die Elfe und eilt zu den anderen, um ihnen den Spruch weiterzusagen.
Da gibt es ein Getuschel, alle halten kurz inne und schauen zu dir herauf. Dann haben sich die Elfen entschieden. Sie wenden sich wieder dem Faden zu.
Deine Elfe eilt rasch zu dir herauf. „Wir wollen es einmal versuchen", flüstert sie.

100

# EIN RIESIGES KUDDELMUDDEL

„Den Faden nicht verlieren,
sich konzentrieren!"

klingt es vom Knäuel zu euch herüber.
„Sagt es leise, nur innerlich, jede in sich selbst hinein, dann stört ihr euch nicht gegenseitig", rufst du den Elfen zu.
„Komm, ich bringe dich wieder in deine Welt", flüstert deine Elfe froh.
Ihr geht zusammen zurück.

„Den Faden nicht verlieren,
sich konzentrieren!

Vielen Dank", flüstert deine Elfe noch mal. „Damit schaffen wir es bestimmt."
Du trittst durch den Spalt in der Luft und gehst dann langsam nach Hause.

101

# Krankenbesuch der Elfe

„Im Bett ist es schön, aber nicht, wenn man krank ist." Das hat deine Oma früher immer gesagt, bevor sie gestorben ist. Daß es dir jetzt wieder einfällt, das hat seinen guten Grund. Jetzt liegst du nämlich selbst im Bett und fühlst dich gar nicht gut. Du seufzt einmal tief.
„Wenn es morgen nicht besser ist, dann mußt du eben zum Arzt", sagt deine Mutter. Sie streicht dir einmal durchs Haar und zieht die Bettdecke zurecht. Dann verläßt sie das Zimmer. Du seufzt noch einmal tief.
Dann liegst du einfach nur da. Du versuchst, an etwas Schönes zu denken, aber nicht einmal das klappt. Die Zeit will einfach nicht vergehen. Plötzlich weht ein Windstoß die Gardinen weit ins Zimmer hinein – und dann steht sie da, die Elfe. Du zwinkerst mit den Augen, doch sie ist immer noch da. Sie lächelt und kommt zu dir.

„Hallo", flüstert sie.
„Hallo", antwortest du und richtest dich etwas auf.
„Du hast uns geholfen, jetzt will ich dir etwas zeigen." Die Elfe streicht mit der schimmernden Hand über die Bettdecke.
„Zeig her", antwortest du, „mir ist nämlich so langweilig."
„Es ist nichts zum Anschauen",

flüstert die Elfe. „Die besten Dinge sind unsichtbar. Ich will dir zeigen, was du selbst gegen deine Krankheit tun kannst."
„Ich kann im Bett bleiben und Tabletten schlucken", sagst du.
„Du kannst noch mehr", meint die Elfe. „Ich zeige es dir.

Leg dich auf den Rücken, und schließ die Augen. Die Arme und Beine liegen ganz ruhig. Dann geh in Gedanken in deinen Körper hinein, und stell dir vor, wie er ruhig und gesund wird. Stell dir erst deinen rechten Arm vor, wie er jetzt vielleicht unruhig ist oder ganz kribbelig. Aber Ruhe und Kraft und Gesundheit breiten sich immer weiter aus. Stell dir vor, wie sie sich ausbreiten, von der Hand immer weiter den Arm hinauf … Und dann geht es durch die Brust in den anderen Arm hinein … Ruhe und Kraft und Gesundheit bis in die Fingerspitzen hinunter …

## IM ELFENREICH

Und dann geht es wieder hinauf, in die Brust ... Von der Brust strömen
Ruhe und Kraft und Gesundheit dann weiter, in deinen Leib hinein ...
in den Bauch ... und weiter, ins rechte Bein ... immer weiter hinunter,
bis in den Fuß und die Zehen ... Dann geht es wieder hinauf und in das
andere Bein ... hinunter, bis in den Fuß und die Zehen ...
Jetzt stell dir deinen ganzen Körper vor: wie er ruhig ist, wie Kraft und
Gesundheit immer mehr zunehmen ... Stell dir deinen ganzen Körper
vor und die zunehmende Ruhe und Kraft und Gesundheit ...
Und dann gehe in deinen Kopf hinein. Stell dir vor, wie er klar und ge-
sund wird ... Wenn er vorher zu heiß ist, dann wird er jetzt kühler.
Wenn er zu kühl war, dann wird er wärmer ...
Und dann stell dir wieder deinen ganzen Körper vor, wie er ruhig ist und
wie Kraft und Gesundheit immer mehr zunehmen ...
Achte darauf, wie dein Atem geht, ganz ruhig und tief, weit unten im
Bauch ... Achte ein Weilchen auf deinen Atem und auf die Ruhe, die
Kraft und die Gesundheit."

Die Elfe ist zu Ende, und du schlägst wieder die Augen auf. „Und dann
werde ich gesund?" fragst du.
„Du wirst auf jeden Fall gesund, und das kann dir helfen, ein bißchen
schneller gesund zu werden. Das ist so ähnlich wie Tropfen oder Tabletten: Manchmal hilft es sofort, manchmal dauert es auch ein bißchen,
aber fast immer ist es besser, als würde gar nichts getan."
„Und wenn man das macht, ist einem viel weniger langweilig", sagst du
und lachst.
„Du hast ja Zeit", flüstert die Elfe. „Mach die Übung einfach ein paarmal am Tag – und schön langsam. Rase nicht einfach wie der Wirbel-
wind durch deinen Körper, sondern stell dir alles schön langsam vor. Du
sollst die Ruhe und die Kraft und die Gesundheit auch richtig spüren."

RUHE, KRAFT UND GESUNDHEIT

Sie lächelt dir noch einmal zu, dann steht sie auf und geht zum Fenster. Sie schaut hinaus. Wieder treibt ein Windstoß die Gardinen ins Zimmer hinein. Du blinzelst. Dann blinzelst du noch mal, denn die Elfe ist verschwunden. „Aber sie hat mir etwas dagelassen", denkst du. „Ein Geheimnis. Die besten Dinge sind unsichtbar." Du kuschelst dich in dein Bett hinein und denkst an das Elfenland.

# Geschichten von dem Kätzchen und dem kleinen Bären

108  Bewegung und Entspannung

110  Kätzchen und der Wind

112  Kleiner Bär will Spuren suchen

115  Kätzchen und die gelben Monde

119  Kätzchen auf dem Jahrmarkt

121  Das Schneckenrennen

125  Kätzchen in der Müllersmühle

132  Überschwemmung am Biberdamm

137  Kätzchen spielt mit seinem Schatten

141  Kleiner Bär folgt seinen Spuren

# Bewegung und Entspannung

In diesem Kapitel sind die Geschichten von dem Kätzchen und dem kleinen Bären gesammelt. Die beiden erleben darin kleine Abenteuer – oder auch einfach nur die Entspannung. Im ersten Teil jeder Geschichte passiert immer etwas, im zweiten Teil geht es dann meistens nach Hause, um sich auszuruhen und neue Kraft zu schöpfen. Die Entspannung läßt sich deshalb gut zusammen mit den beiden Tieren probieren, denn die wichtigsten Dinge werden in den Geschichten angesprochen: die Ruhe, die Schwere, die Wärme und der Atem.

Bei den letzten Geschichten kommt vor der Entspannung ein Bewegungsteil. Denn wenn Bewegung und Entspannung dicht aufeinanderfolgen, dann merkt man die Unterschiede besser. Lernen ist fast immer ein Lernen von Unterschieden. Und fast immer lernt man durch Unterschiede.

Diese Geschichten eignen sich besonders gut für Kindergruppen. Der Bewegungsteil wird einfach gespielt. Das kann dann so aussehen, daß jemand den Text vorliest – und die anderen bewegen sich so, wie es in der Geschichte erzählt wird. Wenn davon die Rede ist, daß Katzen-

DIE GESCHICHTEN NACHSPIELEN

kinder ganz heimlich und vorsichtig durch das hohe Gras schleichen, dann bewegen sich die Kinder auch so. Am besten bewegt man sich dann im Kreis, um den Erzähler herum.
Nach dem Bewegungsteil kommt die Entspannung. Alle legen sich hin und hören einfach nur zu. Wann, das wird in der Geschichte gesagt. Und was dann erzählt wird, das stellen sie sich vor. Das ist dann ein Abenteuer von dem Kätzchen oder dem kleinen Bären. Besonders aber stellen sich die Kinder eins dabei vor: die Entspannung. Denn darum geht es vor allem. Und danach kommt die Rücknahme: Dann heißt es sich tüchtig recken und strecken.

# Kätzchen und der Wind

Das Kätzchen schleicht über die Wiese. Am Mäuseloch schnuppert es neugierig und dann gleich am nächsten. Braune Gänge ziehen durchs Wiesengras, die schleicht es entlang. Aber die Mäuse wissen schon Bescheid: Solange das Kätzchen unterwegs ist, bleiben sie lieber in ihren Wohnungen unter der Erde. Da horchen sie hinauf, ob denn noch Schritte zu hören sind.

Das Kätzchen kommt an den Fluß. Braun rollt er dahin, mächtig angeschwollen sind seine Wasser. „Wie nur die Fische zurechtkommen, in dieser Brühe?" fragt sich das Kätzchen. Aber dann schüttelt es kurz den Kopf und geht weiter. Über ihm saust der Wind in alten Weidenbäumen und Pappeln. Ein mächtiger Wind – das kleine Kätzchen schaut hinauf. Die Äste biegen sich so stark, daß es scheint, als würden sie brechen. Die Blätter rauschen gewaltig. Das ein oder andere wird schon losgerissen und treibt davon, über den Fluß.

Und die Wolken am Himmel: Rasend schnell ziehen sie hin, in die Richtung der treibenden Blätter, in die Richtung, in die auch der Fluß fließt. Sie wirbeln davon, als wollten sie nur fort, fort und gar nicht mehr aufhören weiterzutreiben.

„Alles treibt weg", denkt sich das Kätzchen. Und da läuft ihm ein Schauer über den Rücken, als würde es auch gleich weggezogen, als müßte es auch bald fort von seiner Wiese und den Mäuselöchern und den Weiden am Wasser.

Das Kätzchen schaut zu den Wolken hoch, und ein wenig bange ist ihm schon. Aber dann sieht es: Die treibenden Wolken sind schön. Es schaut ihnen ein Weilchen nach und sieht, daß immer neue Wolken kommen, wenn die alten verschwunden sind. Es schaut auf den Fluß

und das endlos strömende Wasser. Es schaut auf die Erde. Und da fühlt sich das kleine Kätzchen plötzlich ganz stark. „So fest stehe ich hier ganz allein auf der Erde", denkt es. Es schaut auf die Erde, das Wasser, die Wolken – und dann stolziert es langsam nach Hause.

Das Kätzchen schleicht durch das Scheunentor und trippelt die Holzstiege hinauf. Im Katzenlager sind alle versammelt. Die Eltern liegen dort und die Geschwister. Sie blinzeln und schnurren ihm zu. Da legt sich das Kätzchen hin und streckt seine Pfötchen aus. Schwer sind die Pfötchen, ganz schwer. Fühlst du, wie schwer seine Pfötchen sind? Warm sind die Pfötchen, schön warm. Fühlst du, wie warm sie sind? Sein Atem geht ein und aus, ein und aus, ganz ruhig und gleichmäßig, ganz von allein. Das Kätzchen ist ruhig, schwer und warm, es ist ruhig, schwer und warm. So liegt es ein Weilchen und ruht sich aus. Es ruht sich aus und fühlt die neue Kraft tief in sich wachsen.

# Kleiner Bär will Spuren suchen

„Spuren verfolgen können, das muß jeder Bär" – die Worte von Großvater Bär klingen dem kleinen Bären noch in den Ohren. Er seufzt und berührt mit der Schnauze den Boden. Eigentlich sollte dort eine Hasenfährte sein – oder wenigstens die Fährte von einem Karnickel. Aber da ist gar nichts, nur Staub und Stein und ab und zu ein wenig Erde. Wieder seufzt er tief, denn er weiß: Er hat die Spur verloren.
Früh am Morgen hatten sie sich versammelt, drei kleine Bären und Großvater Bär, am Eingang der Teufelsbachschlucht, dort, wo der Bärenwald endet. Spurenlesen wollte er ihnen zeigen, der Großvater. „Spurenlesen für Fortgeschrittene", hatte er gebrummt und dem kleinen Bären tief in die Augen geschaut. „Für Fortgeschrittene" – ganz stolz hatte er sich gefühlt, der kleine Bär. Stolz war er gewesen, als Großvater Bär für jeden Bären eine Fährte ausgesucht hatte. Ein bißchen unsicher war er, als Großvater Bär gesagt hatte: „So, und jetzt

BÄRENMÜDE

verfolgt jeder von euch seine Spur, so weit es nur geht. Da ist die Hasenspur, da die Spur eines Rehes, und das da, das wird ein Fuchs sein." So waren sie denn davongetrottet, jeder der Bären für sich, jeder die Nase über einer anderen Fährte.

Der kleine Bär sieht sich noch einmal um und atmet tief durch. Da sind die steilen Felswände zu beiden Seiten der Teufelsbachschlucht. Oben wachsen Kiefern und grüne Flecken über dem schroffen Grau. Da ist der Boden der Schlucht, ebenfalls grau, mit ein wenig Braun und Grün dazwischen, hier und da wächst ein Baum. Den Teufelsbach selbst kann der kleine Bär gerade nicht sehen, nur hören: Dort vorne stürzt er in seinem Felsenbett weiter. Sonst ist es ganz still. Der kleine Bär spitzt seine Ohren. Aber nur das Gurgeln und Tosen des Wassers erfüllt die Luft. Der kleine Bär atmet wieder tief durch. „Zum Treffpunkt kann ich jetzt nicht", denkt er sich. „Die anderen sind sicher noch hinter den Spuren her." So trottet er in den Schatten einer uralten Kiefer und legt sich hin. Er blinzelt ein wenig hoch, durch das Grün der Zweige zu den ziehenden Wolken. Dann schließt er die Augen. Lang hat er die Spur verfolgt.

*Vom kleinen Bären*

Er ist ganz ruhig. Vom vielen Laufen sind seine Pfoten schwer geworden, ganz schwer, bärenschwer. Sein ganzer Körper ist schwer. Fühlst du, wie schwer seine Glieder sind? Und schön warm ist ihm. Die Wärme strömt durch seinen ganzen Bärenleib. Fühlst du, wie angenehm warm ihm ist? Seine Arme sind warm, seine Beine, sein Bauch, sein ganzer Körper ist warm. Sein Atem geht ein und aus, ein und aus, ganz ruhig und gleichmäßig, ganz von allein. Der kleine Bär ist ruhig, schwer und warm, er ist ruhig, schwer und warm. So liegt er ein Weilchen und ruht sich aus. Er ruht sich aus und fühlt die neue Kraft tief in sich wachsen.

Plötzlich knackt ein Zweig auf dem Boden. Der kleine Bär öffnet die Augen. Großvater Bär ist es, mit seinen Geschwistern. „Und das ist das Ende der vierten Spur", brummt Großvater Bär und trottet heran. „Es ist die Spur eines kleinen Bären." Sie begrüßen sich und brummen ein wenig miteinander, dann legen sich Großvater und die Geschwister zum kleinen Bären dazu, unter den schattigen Kiefernbaum.

# Kätzchen und die gelben Monde

Das kleine Kätzchen ist nachts unterwegs. Über die Flußwiese schleicht es, vorbei an alten Weidenbäumen, die ihm seltsame Gesichter ziehen. Vorbei am Rauschen des Wassers, in dem man Stimmen von Nymphen und kleineren Wassergeistern zu hören meint, wenn man ein Weilchen hineinhorcht. Eigentlich liebt das Kätzchen die Nacht. Aber heute ist der Himmel von Wolken bedeckt, so daß selbst die scharfen Katzenaugen Mühe haben, auch nur den Boden vor den Füßen zu erkennen. So schleicht es hin, das Kätzchen, durch das Gras, immer dicht am flüsternden Wasser. Es folgt Mäusespuren, die es mit seiner Nase erschnüffelt, Spuren von Maulwürfen, von Kaninchen, vielleicht auch den Spuren eines anderen Kätzchens, das auf der Flußwiese ging. Ab und zu fährt ein leiser Wind durch die Äste der Weiden. Das Kätzchen achtet nicht darauf.

Doch plötzlich hört es über sich Äste knacken – das Kätzchen fährt zusammen und preßt sich dicht an die Erde. Seine Augen wandern suchend hinauf, schweifen über das dunkle Blättergewirr – und wieder zurück, genau auf die eine Stelle da!

Was sind das für zwei riesige Augen! Gelb starren sie aus dem Blätterversteck gerade auf das kleine Kätzchen herab. Groß wie zwei Monde stehen sie dort in der Luft. Als wieder der Wind aufkommt, werden sie kurz von Blättern verdeckt. Aber dann erscheinen sie wieder.

Das Kätzchen ist am ganzen Körper angespannt. Solch riesige Augen hat es noch nie gesehen. „Ob sie vielleicht von einem Baumgeist sind?" fragt es sich. „Vielleicht ist er in diesen Baum verbannt worden und darf nur in der schwärzesten Nacht erscheinen?" Das Kätzchen kann seinen Blick nicht lösen von diesem riesigen Augenpaar zwischen den Blättern

115

## VOM KÄTZCHEN

der Weide. Es ist noch immer ganz angespannt. Nun schließen sich die Augen – und öffnen sich wieder. Immer noch starrt das Kätzchen gebannt auf die beiden gelben Monde.

Ein ganzes Weilchen kauert das Kätzchen nun schon auf der Erde vor dem Weidenbaum. Die Augen sind immer noch da. Aber langsam wird das Kätzchen schon ruhiger. Sein Atem geht langsamer, das Herz schlägt ruhig, und auch die Muskeln sind nicht mehr so angespannt. Das Kätzchen erhebt sich langsam vom Boden. Nichts geschieht. Es geht einen Schritt – und dann noch einen. Die Augen beobachten es weiter. Doch sonst geschieht nichts.

Da wird das Kätzchen ganz mutig und geht ein paar Schritte näher an die Weide heran. Die Augen starren ungerührt weiter. Plötzlich tritt der Mond hinter den Wolken hervor und überstrahlt den Fluß mit goldenem Licht. Das Kätzchen blinzelt kurz – und als es die Augen wieder aufschlägt, sieht es, daß da ein Käuzchen im Weidenbaum sitzt. Da lacht das Kätzchen in sich hinein. „So große Augen und so ein kleines Käuzchen", denkt es bei sich. „Daheim wird mir das gar niemand glauben. Aber vielleicht sind mir die Augen auch nur so groß vorgekommen, weil es ganz dunkel war und ich mich gefürchtet habe. Vielleicht wären sie mir viel kleiner erschienen, wenn ich gewußt hätte, daß es doch nur ein Käuzchen ist."

Das kleine Kätzchen geht nun ganz ruhig weiter, noch ein wenig den Fluß entlang. Es schaut dem Mondlicht zu, wie es auf den Wellen tanzt. Es schnurrt ein wenig in die Wellen hinein. Im Wasser klatscht es – vielleicht sind das Forellen, die im Mondlicht springen. Äste von alten Weidenbäumen streichen durch die Strömung. Es ist eine schöne Nacht, schön dunkel und geheimnisvoll; und das Mondlicht liegt wie ein Zauber über dem Fluß. Schließlich macht sich das kleine Kätzchen auf den Heimweg.

Die Morgendämmerung beginnt gerade, als es an seiner Scheune ankommt. Im Osten strahlt hell der Morgenstern. Das Kätzchen schleicht behende durchs Scheunentor und klettert die Holzstiege hinauf. Die Heuballen halten die Wärme so gut. Im Katzenlager zwischen den Ballen sind alle versammelt. Die Eltern liegen dort, schläfrig, und die Geschwister, sie schnurren ihm zu. Da merkt das Kätzchen erst, wie müde es ist. Still legt es sich hin und streckt seine Pfötchen aus. Schwer sind die Pfötchen, ganz schwer. Fühlst du, wie schwer seine Pfötchen sind? Warm sind die Pfötchen, schön warm. Fühlst du, wie warm sie sind? Sein Atem geht ein und aus, ein und aus, ganz ruhig und gleichmäßig, ganz von allein. Das Kätzchen ist ruhig, schwer und warm, es ist ruhig, schwer und warm. So liegt es ein Weilchen und ruht sich aus. Es ruht sich aus und fühlt die neue Kraft tief in sich wachsen.

VOM KÄTZCHEN

## Ruhig und still geht's, wie ich will

Kätz - chen sitzt und denkt für sich:
Ruhig und still geht's wie ich will.

Denkt für mich, denkt für dich:
Ruhig und still, wie ich will.

# Kätzchen auf dem Jahrmarkt

Eigentlich ist das Kätzchen nur aus Versehen hierhergekommen. Aber ganz aus Versehen dann doch nicht. Alle Menschen auf der Straße sind nämlich in die gleiche Richtung gegangen. Da dachte das Kätzchen: „Mal schauen, was da los ist. Vielleicht machen sie eine Wanderung, bis nach Italien oder an die Ostsee. Und ich gehe mit. Vielleicht werd' ich bald selbst sehen, wo die Orangen wachsen und woher die seltsamen Fische kommen. Aus unserem Fluß sind die nämlich bestimmt nicht." Die Leute gingen aber nur bis zum Festplatz, denn dort war Jahrmarkt. So etwas hat das Kätzchen noch nie gesehen. Überall stehen Buden und Verkaufsstände. Und ein Gedränge ist hier! Das Kätzchen schleicht dicht hinter der kleinen Kathrin her, die ein leuchtendblaues Kleid mit einem weißen Gürtel trägt. So wird das Kätzchen im Gedränge nicht getreten. Aber vorsichtig muß es trotzdem sein. „Gib acht, gib acht", denkt sich das kleine Kätzchen und ist ganz vorsichtig.

## VOM KÄTZCHEN

An einem Stand drängeln sich besonders viele Kinder. „Dort gibt es Zuckerwatte", hört das Kätzchen zwei Kinder sagen. Am nächsten Stand werden Mandeln geröstet. Und dann kommt ein Stand mit Hemden und Hosenträgern. „Warum nicht alle Zuckerwatte kaufen?" denkt das Kätzchen. „Hemden sind doch ganz überflüssig und Hosenträger sowieso." Aber die Menschen denken da anders, jedenfalls die meisten. Mehr noch als für die Zuckerwatte interessiert sich das Kätzchen für den Wurststand. Wie das duftet! Der Papierkorb ist überfüllt, Pappdeckel mit Senfresten liegen daneben im Gras. Das Kätzchen schnuppert daran. „Die Menschen sollten doch lieber Pappe und Senf essen und die Würste wegwerfen, wenigstens eine", denkt das Kätzchen. „Dann bliebe auch etwas für mich."

Kathrin ist schon weitergegangen, und das Kätzchen springt schnell hinterher. Ihm wird langsam richtig schwindlig im Kopf: immer neue Stände, die vielen Menschen, die vielen neuen Gerüche ... Was die Menschen alles reden, das kann es sowieso nicht mehr verstehen, in diesem Durcheinander.

Kathrin hat eine Freundin entdeckt, auf die sie zuläuft. Das Kätzchen aber legt sich neben einen Stand, an dem Bilder verkauft werden. Es nimmt den Kopf zwischen die Vorderpfoten und ruht sich aus. Die Augen hat es geschlossen. Seine Glieder sind schwer, schön schwer. Fühlst du, wie schwer seine Glieder sind? Und schön warm ist ihm. Fühlst du, wie angenehm warm ihm ist? Die Wärme strömt durch seinen ganzen Leib. Seine Vorderpfötchen sind warm, sein Bauch, seine Hinterpfötchen, sein ganzer Körper ist warm. Sein Atem geht ein und aus, ein und aus, ganz ruhig und gleichmäßig, ganz von allein. Es ist ruhig, schwer und warm, ruhig, schwer und warm. So liegt es ein Weilchen und ruht sich aus. Es ruht sich aus und fühlt die neue Kraft tief in sich wachsen.

# Das Schneckenrennen

(Die Kinder stehen im Kreis. Der Leiter in der Mitte spricht ungefähr die folgende Anleitung.)

„Schnell gehen oder rennen, das kann jeder. Aber wie ist es, wenn man ganz langsam geht? Das probieren wir jetzt einmal aus, denn nachher gibt es die Geschichte vom Schneckenrennen.

Geht jetzt also im Kreis, aber ganz, ganz langsam, wie ein Bärenkind, das anschleichen lernen will. Wenn der Fuß in der Luft ist, dann kann er sich ruhig normal schnell bewegen, sonst verliert ihr das Gleichgewicht. Aber wenn er wieder aufsetzt, dann ganz, ganz langsam.

Und spürt genau, wie es ist, dieses Aufsetzen, mit welchem Teil des Fußes ihr als erstes aufsetzt. Und achtet auch auf den anderen Fuß, wie

er sich langsam, ganz langsam fertig zum Abheben macht. Dann hebt er ab und geht durch die Luft. Und dann ist wieder der nächste dran."
(Die Kinder, wenn nötig, korrigieren und ab und zu wiederholen, daß sie auf die Empfindungen in den Fußsohlen achten sollen. Dann folgt der Übergang zur Geschichte, etwa folgendermaßen.)
„Aber nun sind die kleinen Bären müde geworden und legen sich hin. Sie legen sich auf den Rücken. Legt auch ihr euch auf den Rücken. Sie schließen die Augen. Die kleinen Bären sind nun ganz ruhig. Schwer sind die Glieder der kleinen Bären, schwer, ganz schwer. Fühlst du, wie schwer ihre Glieder sind? Warm sind die Glieder der kleinen Bären, warm, ganz warm. Fühlst du, wie warm ihre Glieder sind? Die Wärme strömt durch ihren ganzen Körper. Ihr Atem geht ein und aus, ein und aus, ganz ruhig und gleichmäßig, ganz von allein. Sie träumen. Sie träumen von einem kleinen Bären."

Der kleine Bär ist unterwegs im Bärenwald. Über ihm rauschen die Kronen der Bäume. Vögel zwitschern in den Zweigen. Die Sonne streicht ihm über den Weg. Er kommt an den See. Überrascht zwinkert er mit den Augen. Am Ufer sind Hunderte von Schnecken versammelt,

LANGSAM UND GEMÜTLICH

große und kleine, Nacktschnecken und welche mit wunderbar gedrehtem Haus auf dem Rücken. Der kleine Bär trabt heran und achtet darauf, wohin er tritt.

„Du kommst gerade richtig", rufen sieben Schnecken im Chor. „Wir wollen ein Wettrennen austragen und suchen noch einen achten Schiedsrichter."

„Da mach' ich gern mit", brummt der kleine Bär.

Die Rennstrecke ist schon vorbereitet. Zehn ganze Meter ist sie lang.

„Das ist nämlich ein Marathonlauf", rufen die sieben Schnecken dem kleinen Bären zu.

„Und wer als erster am Ziel ist, hat gewonnen", brummt der kleine Bär.

„Aber nein", rufen die sieben Schiedsrichter entsetzt. „Das ist ein Rennen nach Schneckenart. Gewonnen hat natürlich der, der als letztes ankommt. Immer nur schnell, das kann doch jeder. Sich langsam bewegen, das ist das schwerste. Und deshalb soll der gewinnen, der am langsamsten kriecht."

Der kleine Bär weitet überrascht die Augen. Aber dann brummt er nur und geht zum Start. Das Startsignal wird gegeben. Die Schnecken setzen sich in Bewegung.

## VOM KLEINEN BÄREN

Der kleine Bär schaut zu, wie die Schnecken gemütlich über den Boden gleiten. Zahlreiche Zuschauer liegen an der Bahn und feuern sie an. „Langsamer, langsamer", rufen sie begeistert.

Eine rote Schnecke ist so langsam, daß es so aussieht, als würde sie stillstehen. „Sie ist eingeschlafen", beschweren sich die anderen. Denn das ist verboten. Die sieben Schiedsrichterschnecken holen einen Meterstab und messen nach. Die rote Schnecke hat sich um einen halben Millimeter bewegt, also ist alles in Ordnung. Das Rennen geht weiter. Der kleine Bär hat sich hingelegt. Da liegt er am Rande der Rennbahn und schaut dem Schneckenlauf zu. Der Tag vergeht schon, und sie haben sich noch um keinen Meter vorwärts bewegt. „So langsam sein, das könnte ich nie", denkt der kleine Bär. Und dabei weiß er nicht, ob er sich freuen oder ob er traurig sein soll. „Manchmal ist es gut, schnell zu sein, und manchmal ist es gut, ruhig und langsam zu sein", denkt der kleine Bär. „Am besten, man kann beides."

Dann wird das Rennen für heute abgebrochen. Die Plätze der Rennschnecken werden mit Steinchen markiert, und dann verabredet man, am nächsten Morgen weiterzumachen.

Der kleine Bär geht nach Hause. Bald ist er an seiner Bärenhöhle angekommen. Die anderen sind schon alle da. Der kleine Bär legt sich ins weiche Bärenlager. Schwer sind seine Glieder, bärenschwer. Sein ganzer Körper ist schwer. Fühlst du, wie schwer seine Glieder sind? Und schön warm ist ihm. Fühlst du, wie angenehm warm ihm ist? Die Wärme strömt durch seinen ganzen Leib. Seine Arme sind warm, seine Beine, sein Bauch, sein ganzer Körper ist warm. Sein Atem geht ein und aus, ein und aus, ganz ruhig und gleichmäßig, ganz von allein. Er ist ruhig, schwer und warm, ruhig, schwer und warm. So liegt er ein Weilchen und ruht sich aus. Er ruht sich aus und fühlt die neue Kraft tief in sich wachsen.

# Kätzchen in der Müllersmühle

Wir spielen Katzenkinder. Die Kätzchen sind unterwegs durch die Welt. Sie schleichen durch das hohe Gras, eins hinter dem anderen, alle im selben Abstand, ganz heimlich und vorsichtig. Sie schleichen sich an einen Spatzen heran.

> Katzenpfoten, Katzenpfoten
> schleichen auf dem weichen Boden.
> Katzenpfoten sind so leise,
> leise, leise auf der Reise.
> Katzenpfoten hörst du nicht,
> „Spätzlein, Spätzlein, hörst du nicht?"
> Kätzchen macht nun einen Satz
> – grad' noch fliegt er weg, der Spatz!

## VOM KÄTZCHEN

Die Kätzchen laufen nun hinter dem Spatzen her, sie wollen ihn einfangen. Sie laufen und laufen, so schnell sie nur können. Einmal im Kreis sind sie schon herum, nun laufen sie noch eine Runde.
Aber der Spatz ist auf eine alte Linde geflogen. Dort sitzt er nun auf dem obersten Zweig und pfeift den Kätzchen ein Lied. Die Kätzchen sind ganz erschöpft von der vielen Rennerei. Sie müssen sich ein wenig ausruhen. Langsam, ganz langsam schleichen sie um die Linde herum. Ganz langsam und sachte setzen sie eine Pfote vor die andere und lauschen dem Spottlied des Spatzen. Und das geht so:

> „Flügel, Flügel laß dir machen,
> Federn, Federn, so wie ich.
> Kannst dann über Katzen lachen,
> wie ich lache über dich.
> Kannst dann über Katzen lachen,
> wie ich lache über dich."

Die Kätzchen ärgern sich sehr. Sie machen sich groß, ganz groß, sie recken die Vorderpfötchen in die Höhe, so weit sie nur können, um den Spatzen doch noch zu erwischen. Sie strecken sich und recken sich, so hoch es nur geht. Doch sie erreichen ihn nicht. Da machen sie sich ganz klein, sie hocken sich auf die Erde und machen sich so klein wie nur möglich, um wieder Kraft zu schöpfen.
Der Spatz fängt wieder zu zwitschern an, und bei den ersten Tönen recken und strecken sich die Kätzchen, so weit sie nur können. Der Spatz schüttelt sich vor Lachen, denn natürlich erreichen die Kätzchen ihn nicht. Enttäuscht machen sie sich klein, ganz klein. Der Spatz will erneut zu singen beginnen, doch die Kätzchen haben etwas anderes entdeckt und springen davon.

126

## VOM KÄTZCHEN

Ein bunter Schmetterling ist über ihre Nasen geflattert, als sie auf der Erde saßen. Dem laufen sie jetzt neugierig nach. Der Schmetterling fliegt mal etwas schneller, mal etwas langsamer, und immer im selben Tempo springen die Kätzchen hinterher. Jetzt fliegt er schnell ... jetzt fliegt er wieder langsam ... dann geht es wieder schnell ... und dann wieder langsam ... und noch einmal schnell ... und dann wieder langsam.

Dann setzt sich der Schmetterling auf eine Blume. Er untersucht sie kurz mit seinen feinen Fühlern, dann flattert er weiter. Die Blume klingelt hinter ihm her. Die Kätzchen folgen ihm nicht. Sie sind müde geworden von diesem Hinundhergerenne.

> Müd' und müder wird das Kätzchen,
> schwerer werden seine Tätzchen,
> und dann legt es sich zur Ruh',
> und so mach es jetzt auch du!

Die Kätzchen legen sich auf den Boden. Leg auch du dich jetzt auf den Rücken, die Beine ausgestreckt, die Arme neben den Körper. Die Kätzchen räkeln sich noch ein wenig, bis sie ganz bequem liegen. Räkel auch du dich noch mal – und dann lieg ganz still, wie die Kätzchen. Ganz still liegen die Kätzchen und schließen die Augen. Was um sie herum vorgeht, merken sie kaum mehr. Sie lauschen in sich hinein. Sie träumen. Sie träumen von einem kleinen Kätzchen.

Das Katzenlager liegt auf dem Heuboden der Scheune. Zwei alte und ein ganzer Haufen junge Kätzchen liegen dort beieinander und schlafen. Ganz ruhig liegen sie auf dem duftenden Heu. Schwer liegen ihre Glieder auf dem Boden. Die Glieder sind warm, die ganzen Katzen-

128

leiber sind warm. Ihre Bäuche heben sich vom Gang ihres Atems. Ihr Atem geht ein und aus, ein und aus, ganz ruhig und gleichmäßig, ganz von allein.
Eines der Kätzchen wacht auf. Es blinzelt und streckt sich, es schleicht zwischen den Heuballen davon. Die Holzstiege trippelt es hurtig hinunter, doch nicht zu schnell, damit es nicht ins Stolpern gerät. Es geht durch das Scheunentor, nein, es schreitet hindurch, stolz und aufrecht – aber auch neugierig, was es denn heute erleben wird.
Draußen scheint die Sonne. Das Kätzchen blinzelt ein paarmal ins Licht, dann schleicht es weiter, zur Mühle am Fluß. Der Feldweg läuft zwischen den Kornfeldern, vorbei an Vogelscheuchen, Strohscheuern, Spatzengezeter, Kornblumen, Mohn, durch den Duft der Kamillen am Wegrand, und alles ist in Sonnenlicht getaucht. Immer weiter geht das Kätzchen, und schließlich kommt es an den Fluß und die Mühle.
Vor der Mühle liegt die alte Müllerskatze und sonnt sich. Als sie das kleine Kätzchen bemerkt, faucht sie ärgerlich. Die Mühle ist nämlich ihr Revier. Und obwohl sie schon sehr alt ist und kaum mehr etwas sehen kann, geschweige denn Mäuse jagen, versucht sie immer noch, ihren Platz zu verteidigen. Aber ganz ernst gemeint ist das nicht, denn die Müllerskatze kennt das kleine Kätzchen schon gut. Sie legt sich deshalb gleich wieder hin und döst weiter. Das kleine Kätzchen macht vorsichtig einen Bogen um sie herum und schleicht dann hinein in die Mühle.
Dort wundert es sich, denn es hört gar keinen Lärm, so wie sonst. Es ist ganz still. Ob vielleicht Sonntag ist? Die Sonne scheint zum Fenster herein, und das Kätzchen kann in ihren Strahlen den Staub tanzen sehen.

## VOM KÄTZCHEN

Staubkörner gibt es viele, riesig viele. Die Bauern liefern hier Korn an, das wird in der Mühle zu Mehl zermahlen. Und das feinste schwirrt durch die Luft und setzt sich auf alle Bretter und Balken. Wo das Kätzchen auch geht, es hinterläßt tiefe Spuren im Mehlstaub.

Weshalb das Kätzchen so vorsichtig schleicht? Es sucht nach dem Müller und der Müllerin, es sucht nach Jana, Petra und Michael, ihren drei Kindern. Vor allem aber sucht es nach Mäusen. Spuren von Mäusen sieht es überall. Die fühlen sich wohl in der Mühle. Aber selbst gesehen hat es noch keine.

Doch was ist da vorne? Das Kätzchen duckt sich noch tiefer, noch vorsichtiger setzt es Tatze vor Tatze. Tatsächlich, dort, vor dem Pfeiler, sitzt eine Maus im Mehl und putzt sich die Vorderpfötchen. Weiter und weiter schleicht das Kätzchen, leise und langsam, Pfötchen um Pfötchen, ganz vorsichtig. Endlich ist es nah genug heran und will eben zum Sprung ansetzen, da gibt es ein schrilles Gequietsche. Das Mäuslein fährt rasend herum und verschwindet irgendwo in der Tiefe der Mühle. Irgendein anderes Mäuschen hat es gewarnt. Das Kätzchen späht im Halbdunkel umher, aber es kann es nicht entdecken.

Was soll's, Mäuse frißt es sowieso nicht gerne. So schnuppert das Kätzchen nur einmal an der Stelle, wo die Maus saß. In der Mühle gibt es so viele Balken und Bretter, so übt es eben balancieren. Wenn es nämlich Papa und Mama Katze betrachtet, wie die das können, da weiß es, wieviel noch zu lernen ist. Es steigt auf einen Balken, der in halber Höhe über den Boden geht, und läuft vorsichtig hinüber. Schritt vor Schritt setzt es, Pfötchen vor Pfötchen. In der Mitte schwankt es einmal ziemlich hin und her, aber es verliert den Mut nicht. „Mit Mut geht's gut", denkt es und geht weiter. „Mit Mut geht's gut", sagt es sich noch einmal vor, als es glücklich am anderen Ende des Balkens steht, und atmet erleichtert aus.

130

PFÖTCHEN VOR PFÖTCHEN

Gern wäre das kleine Kätzchen noch geblieben und hätte sich von den Menschenkindern streicheln lassen, aber die sind nicht da. Und die alte Müllerskatze ist inzwischen eingeschlafen. So macht es sich wieder auf den Heimweg.
Zu Hause klettert es langsam die Stiege zum Heuboden hinauf. Hinter den Heuballen ist das Katzenlager. Die Geschwister sind weg, bis auf das jüngste. Aber die Eltern sind da und sehen ihm schläfrig entgegen. Schnurrend legt es sich zu ihnen. Das Kätzchen fühlt sich schön ruhig und geborgen. Schwer sind die Glieder des Kätzchens von seinem Ausflug zur Mühle, schwer, ganz schwer. Es legt sich auf den Rücken und streckt die Pfötchen aus. Ganz schwer sind die Pfötchen und auch schön warm. Fühlst du, wie schwer seine Pfötchen sind? Fühlst du, wie warm sie nun sind? Sein Atem geht ein und aus, ein und aus, ganz ruhig und gleichmäßig, ganz von allein. Das Kätzchen ist ruhig, schwer und warm. So liegt das Kätzchen ein Weilchen und ruht sich aus. Es ruht sich aus und fühlt die neue Kraft tief in sich wachsen.

# Überschwemmung am Biberdamm

(Die Kinder liegen im Kreis auf dem Boden, ganz wie sie möchten. Der Leiter in der Mitte des Kreises spricht ungefähr die folgende Geschichte und gibt den jeweiligen Trommeltakt vor, vielleicht mit einem Tamborin, einer Trommel oder ähnlichem. Die Kinder sollen mit den flachen Händen auf den Boden schlagen.)

„Im Bärenwald ist Regentag. Die kleinen Bären liegen in ihrer Höhle und spähen hinaus. Dunkle Wolken ziehen über den Bäumen dahin. Platsch, platsch, macht der Regen. Die kleinen Bären schlagen mit ihren Pfoten den Takt. (Mittelschnellen Takt vorgeben.) Dann kommt eine besonders dunkle Regenwolke heran, und es beginnt noch stärker zu regnen. (Taktzahl erhöhen.) Aber da tut sich ein Stückchen Blau auf, zwischen den Wolken, immer weniger Regen fällt. Und schließlich hört der Regen ganz auf. (Taktzahl langsam verringern, kurze Stille.) Aber die nächste Wolkenfront ist schon herangekommen, es beginnt wieder zu regnen. (Wieder Taktschläge, erst langsam, dann heftiger. In dieser Art den Takt noch einige Male variieren, je nach Ausdauer der Kinder. Dann beginnt die Entspannungsgeschichte.)

Und dann sind die Regenwolken vorüber. Die kleinen Bären sind müde geworden und legen sich auf den Rücken. Legt auch ihr euch auf den Rücken. Sie schließen die Augen. Die kleinen Bären sind nun ganz ruhig. Schwer sind die Glieder der kleinen Bären, schwer, ganz schwer. Fühlst du, wie schwer ihre Glieder sind? Warm sind die Glieder der kleinen Bären, warm, ganz warm. Fühlst du, wie warm ihre Glieder sind? Die Wärme strömt durch ihren ganzen Körper. Ihr Atem geht ein und aus, ein und aus, ganz ruhig und gleichmäßig, ganz von allein. Sie träumen. Sie träumen von einem kleinen Bären."

## VOM KLEINEN BÄREN

Es hat geregnet. Der kleine Bär springt durch die Pfützen des Weges. Er brummt ein lustiges Regenlied vor sich hin. Am Bach bleibt er stehen. Das Wasser ist stark angeschwollen. Braun gurgelt es knapp unter der Brücke hindurch.

„Was nun wohl die Fische machen?" denkt sich der kleine Bär. „Wasser haben sie wohl genug, aber es ist so schmutzig, daß sie gar nichts mehr sehen können."

Als er so an die Fische denkt, fällt ihm ein, seinen Freund zu besuchen, den Biber. So läuft er den Bach entlang. Die Erde ist schwer und aufgeweicht. Tief sinken die Pranken des kleinen Bären ein. Der kleine Bär fühlt sich schön warm. Sein Atem geht ein und aus, ein und aus, ganz ruhig und gleichmäßig, ganz von allein.

## HILFE BEIM DAMMBAU

Und da ist auch schon der Stausee mit der Biberburg. Vergnügt springt der kleine Bär zum Damm. Dort hat er nämlich seinen Freund entdeckt. Aber der ist mächtig beschäftigt. „Hilf mir", sagt er nur, als er den kleinen Bären antraben sieht. „Das Wasser ist so stark angeschwollen. Ich glaube, der Damm bricht!"

Der kleine Bär schaut auf das dichte Geflecht aus Baumstämmen, Ästen, Zweigen und Schilfrohren, mit dem das Wasser des Baches gestaut ist. Steine und Schlamm machen es dicht. Aber das Wasser drückt nun mit besonderer Wucht dagegen. Hier und da rieselt es schon durch. „Konzentriert geht's wie geschmiert", brummt der kleine Bär. Und schon ist er mit ganzer Kraft dabei.

„Das muß verstärkt werden", sagt der Biber. „Und einen Entlastungsgraben muß ich bauen, damit der Druck nachläßt."

Der kleine Bär hilft eifrig mit. Fleißig schleppt er Äste und kleine Baumstämme ans Wasser. Dort gräbt er einen Entlastungsgraben um den Damm herum. Dann zieht der Biber große Zweige an den Damm und verstärkt ihn dort, wo er zu brechen droht.

Endlich ist es geschafft. Der Biber läßt sich neben dem kleinen Bären am Rande des Stausees nieder.

„Danke", sagt er und atmet tief durch.

Die beiden schauen ein Weilchen dem Wasser zu. Allerlei Treibgut wird angeschwemmt, Zweige und Rindenstücke meist, die von den Fluten irgendwo weiter oben am Bach mitgerissen worden sind. „Das räume ich morgen weg", sagt der Biber.

Es ist spät geworden. Der kleine Bär macht sich auf den Weg nach Hause. Diesmal geht er quer durch den Wald. Bald ist er in der Bärenhöhle angelangt. Der kleine Bär legt sich auf sein weiches Lager. Schwer sind seine Glieder von der vielen Arbeit, schwer, schön schwer. Sein ganzer Körper ist schwer. Fühlst du, wie schwer seine Glieder

## Vom kleinen Bären

sind? Und schön warm ist ihm. Fühlst du, wie angenehm warm ihm ist? Die Wärme strömt durch seinen ganzen Leib. Seine Arme sind warm, seine Beine, sein Bauch, sein ganzer Körper ist warm. Sein Atem geht ein und aus, ein und aus, ganz ruhig und gleichmäßig, ganz von allein. Er ist ruhig, schwer und warm, ruhig, schwer und warm. So liegt er ein Weilchen und ruht sich aus. Er ruht sich aus und fühlt die neue Kraft tief in sich wachsen.

**Ohne Anfang gibt's kein Ende, also spuck in deine Hände**

# Kätzchen spielt mit seinem Schatten

(Ein Kind steht in der Mitte. Die anderen Kinder stehen im Kreis, mit den Gesichtern zur Mitte. Der Leiter spricht ungefähr die folgende Anleitung.)

„Wir spielen Sonne und Schatten. Das Kind in der Mitte ist die Sonne, die Kinder im Kreis sind die Schatten. Die Schattenkinder richten sich immer genau nach der Sonne.

Früh am Morgen beginnen wir. Die Sonne kommt gerade hinter dem Horizont hervor, ihre Strahlen sind noch ganz schwach. Das Kind in der Mitte hockt sich deshalb jetzt hin und spielt so die schwache Sonne. Sein Gesicht ist zwischen den Armen verborgen. Die Schatten aber sind am Morgen ganz groß, weil die Sonne so niedrig steht. Die Kinder im Kreis machen sich also ganz groß, sie recken die Arme und stellen sich auf die Zehenspitzen.

Dann steigt die Sonne langsam, ihr Gesicht ist nun ganz zu sehen, ihre Strahlen werden wärmer. Das Kind in der Mitte zeigt nun sein Gesicht und reckt langsam, ganz langsam die Arme hoch. Die Schatten aber werden kleiner, je mehr die Sonne steigt. Die Kinder im Kreis kommen von den Zehenspitzen herunter und lassen langsam die Arme sinken. Die Sonne steigt langsam immer mehr, bis sie am höchsten Punkt steht. Es ist dann Mittag, und ihre Strahlen scheinen am wärmsten. Das Kind in der Mitte erhebt sich also langsam, ganz langsam, bis es sich so hoch reckt wie vorher die Schatten. Die Schattenkinder aber werden immer kleiner und kleiner, bis sie schließlich so zusammengesunken sind wie vorher die Sonne.

## VOM KÄTZCHEN

Und dann geht es wieder andersherum: Die Sonne sinkt in den Nachmittag hinein, dem Abend zu. Das Sonnenkind wird also wieder kleiner und kleiner, bis es so zusammengesunken ist wie am Anfang. Das Gesicht verdeckt es am Schluß wieder mit den Armen. Die Schattenkinder aber werden größer und größer. Wenn das Sonnenkind ganz zusammengesunken ist, dann sind sie am größten und recken sich so wie am Morgen."

(So können einige Durchgänge gespielt werden. Die Kinder in der Mitte wechseln sich ab. Besonders für schüchterne Kinder kann es sehr gut sein, einmal das Sonnenkind zu spielen, nach dem sich die anderen richten müssen. Dann folgt die Entspannungsgeschichte. Die Kinder sollen sich dazu nun alle hinlegen.)

„Dann ist es Nacht geworden, die Sonne ist schlafen gegangen, und auch die Schatten schlafen nun. Legt euch alle hin, auf den Rücken, die Arme neben euch, die Augen sind geschlossen. Sonne und Schatten träumen. Sie träumen von einem Kätzchen."


Das Kätzchen ist unterwegs durch die Felder. Wann ihm zum erstenmal sein Schatten aufgefallen ist, das kann es nicht sagen, aber nun kann es gar nicht mehr wegschauen. Es schleicht auf dem Feldweg dahin, mal langsam, dann plötzlich wieder ganz schnell, und schaut, was sein Schatten macht. Es springt plötzlich steil in die Höhe, es legt sich ganz auf die Erde hin. „Wenn ich dicht an der Erde bin, dann berührt mich mein Schatten. Wenn ich aber weg von der Erde bin, dann sind wir getrennt", denkt das Kätzchen.

So schleicht es über den Feldweg und ist ganz mit sich selbst beschäftigt. Wenn es zur Vogelscheuche hinschauen würde, das wäre ein Spaß! Es geht nämlich ein heftiger Wind, und weil die Vogelscheuche so lustig angezogen ist, sieht es aus, als würde sie sich schütteln vor Lachen.

SCHATTENSPIELE

Gerade hat das Kätzchen einen besonders weiten Sprung gemacht, da verschwindet sein Schatten. Es schaut hoch in den Himmel. Eine Wolke hat sich vor die Sonne geschoben. Ihr Schatten überdeckt nun alle anderen, auch den Schatten des Kätzchens. Schnell läuft das Kätzchen den Weg hinunter zum Fluß.
Dort steht das Kätzchen lange am Ufer. Denn aus dem Fluß schaut sein Spiegelbild hoch. Nicht schwarz wie der Schatten ist es, sondern es

## VOM KÄTZCHEN

sieht genau wie das Kätzchen aus, nur daß es zittert, mit den Wellen des Wassers.

Das Kätzchen reckt seinen Hals einmal vor, dann wieder zurück und noch einmal vor und zurück. Alles macht auch sein Spiegelbild. Das Kätzchen schließt seine Augen. „Wie dumm ich doch bin", denkt es gleich heftig und öffnet die Augen. Denn mit geschlossenen Augen kann es natürlich nicht sehen, ob auch sein Spiegelbild die Augen geschlossen hat.

Dann schließt das Kätzchen ein Auge, das rechte. Das andere behält es offen. Und dann macht es das rechte Auge wieder auf, aber schließt nun das linke. Es schüttelt den Kopf. Jetzt weiß es gar nicht mehr, wie ihm ist. Denn ihm scheint, daß das Spiegelbildkätzchen immer gerade das falsche Auge schließt. „Vielleicht weiß es noch nicht über links und rechts Bescheid", denkt sich das Kätzchen und gähnt. Es ist nämlich müde geworden von der ganzen Springerei und dem vielen Denken, da läuft es nach Hause zurück.

Behende drückt es sich durchs angelehnte Scheunentor und schleicht die Stiege zum Heuboden hoch. Hinter den Heuballen ist das Katzenlager. Die Geschwister sind noch weg, aber die Eltern sind da und schnurren ihm entgegen. Langsam legt es sich hin. Das Kätzchen fühlt sich ganz ruhig. Schwer sind die Glieder des Kätzchens von seinem Ausflug, schwer, ganz schwer. Es legt sich auf den Rücken und streckt die Pfötchen aus. Ganz schwer sind die Pfötchen. Fühlst du, wie schwer seine Pfötchen sind? Und schön warm sind die Pfötchen des Kätzchens. Fühlst du, wie warm sie nun sind? Die Wärme strömt durch seinen ganzen Katzenleib. Sein Atem geht ein und aus, ein und aus, ganz ruhig und gleichmäßig, ganz von allein. Das Kätzchen ist ruhig, schwer und warm. So liegt es ein Weilchen und ruht sich aus. Es ruht sich aus und fühlt die neue Kraft tief in sich wachsen.

140

# Kleiner Bär folgt seinen Spuren

(Die gleiche Übung wie in „Sonne und Schatten", aber besonders gut für die Winterzeit geeignet. Ein Kind steht in der Mitte. Die anderen Kinder stehen im Kreis, mit den Gesichtern zur Mitte. Der Leiter spricht ungefähr die folgende Anleitung.)

„Wir spielen Sonne und Schneemänner. Das Kind in der Mitte ist die Sonne, die Kinder im Kreis sind die Schneemänner. Die Schneemänner richten sich immer genau nach der Sonne.

In der Nacht ist die Sonne verborgen. Das Kind in der Mitte hockt sich deshalb hin, verbirgt das Gesicht in den Armen und spielt so die verborgene Sonne. Die Schneemänner sind noch ganz groß. Sie stehen einfach nur da, schön aufrecht, wie Schneemänner eben so stehen.

Dann beginnt der Tag: Die Sonne lugt über den Horizont. Das Kind am Boden zeigt sein Gesicht.

*VOM KLEINEN BÄREN*

Und dann steigt die Sonne immer höher und höher, bis zum Mittag, dann steht sie am höchsten. Das Kind am Boden steht jetzt also langsam auf, bis es ganz aufrecht steht. Und mittags wirft es die Hände hoch in den Himmel. Die Schneemänner aber schmelzen unter den warmen Sonnenstrahlen immer mehr zusammen. Wenn die Sonne am höchsten steht, sind sie ganz klein am Boden zusammengekauert.
Und dann beginnt die Sonne wieder zu sinken, bis zum Abend hin. Das Sonnenkind läßt die Arme sinken, wird kleiner und kleiner, und schließlich kauert es wieder auf der Erde. Die Schneemänner aber wachsen und wachsen. Denn es sind nun Kinder aus der Schule und dem Kindergarten gekommen, die bauen sie wieder auf. Am Abend stehen sie wieder ganz aufrecht, wie schon am Morgen zuvor.
Die Sonne aber verschwindet hinter dem Horizont. Das Sonnenkind verbirgt sein Gesicht in den Armen."
(Mehrere Durchgänge, immer ein anderes Kind als Sonnenkind in der Mitte. Dann folgt die Entspannungsgeschichte. Die Kinder sollen sich dazu alle hinlegen.)
„In der Nacht schlafen Sonne und Schneemänner. Legt euch jetzt alle hin, und ich erzähle euch, was sie träumen. Legt euch schön hin, auf den Rücken. Sonne und Schneemänner träumen. Sie träumen von einem kleinen Bären."

Da steht er nun, der kleine Bär, tief im verschneiten Bärenwald. Schnee glitzert in der Sonne, die zwischen Kiefernzweigen hindurchlugt. Der kleine Bär beobachtet die weißen Wolken seines Atems in der Winterluft. Sie vergehen schnell – aber bei jedem Ausatmen schwebt ein neues Wölkchen in den offenen Himmel. Es ist so hell. Die Sonne bricht sich in Schneekristallen und blendet. Unzählige Sonnen funkeln in den Spiegeln des Schnees, auf dem Waldboden und von den überschneiten

142

WENN DIE SONNE SCHEINT

*VOM KLEINEN BÄREN*

Zweigen. Der kleine Bär schließt die Augen. Ein Weilchen hört er nur zu, wie sein Atem geht: ein und aus, ein und aus. Der kleine Bär hat sich verlaufen.

Da steht er nun, der kleine Bär und überlegt, wohin er sich wenden muß, um wieder nach Hause zu kommen, in seine warme Bärenhöhle, zu den Eltern und den Geschwistern, ins warme Lager aus Blättern und Moos.

„Ich muß mich nach der Sonne richten", fällt ihm ein. Die Sonne steigt immer hinter den Murmelbergen empor und wandert dann über den Bärenwald. Der kleine Bär schaut nach der Sonne und überlegt, wie er gehen muß. Er überlegt gut, und dann macht er sich auf den Weg.

Der kleine Bär nimmt den Weg eilig unter die Füße, er möchte nach Hause. Er summt ein kleines Bärenlied und wandert im Rhythmus seines Atems, so geht es am besten. Der Schnee knirscht unter seinen Schritten. Er springt über einen gefrorenen Bach. Durch lichte Buchenhaine führt sein Weg, an schneeverzauberten Kiefern vorbei, immer im Takt seines Atems.

Plötzlich steht er ganz still. Er fühlt sein Herz warm schlagen, bis in die Ohren hinein. Der Atem des kleinen Bären ist schnell geworden; nun ruht er sich aus, damit er wieder ruhiger wird. Und er schaut auf die Spuren.

Spuren im Schnee ist der kleine Bär unterwegs schon hin und wieder begegnet. Einmal war es eine Hasenfährte, dann wieder die Spur eines Fuchses. Und freigewühlte Flächen im Schnee gab es da, mit ganz feinen Spuren daneben. „Das müssen wohl Eichhörnchenspuren sein", denkt der kleine Bär. „Die graben dort nach ihren versteckten Schätzen." Aber diese Spur da, direkt vor ihm im Schnee, die stammt von einem Bären.

Der kleine Bär steht da und fühlt seinen Atem ruhiger werden und auch

den Herzschlag. Er steht da und überlegt, von wem die Bärenspur sein kann. Sie ist nicht groß, von Papa und Mama Bär ist sie bestimmt nicht. Der kleine Bär legt eine Tatze hinein. Es ist seine eigene Spur.

Der kleine Bär schaut nun, woher die Spur kommt. Sie ist frisch, es muß die Spur sein, die er auf seinem Hinweg hinterlassen hat. „Wenn ich ihr nachgehe, komme ich heim", denkt der kleine Bär. Langsam trabt er los. Und tatsächlich, bald kommt ihm der Wald bekannter vor. Und da ist auch schon die Höhle, ein schwarzes Loch im Felsen unter dem Schnee.

Drinnen ist es recht ruhig. Mama Bär gähnt ihm müde entgegen, die anderen schlafen. Der kleine Bär legt sich hin. Schwer sind seine Glieder vom langen Laufen, schwer, schön schwer. Sein ganzer Körper ist schwer. Fühlst du, wie schwer seine Glieder sind? Und schön warm ist ihm. Fühlst du, wie angenehm warm ihm ist? Die Wärme strömt durch seinen ganzen Leib. Seine Arme sind warm, seine Beine, sein Bauch, sein ganzer Körper ist warm. Sein Atem geht ein und aus, ein und aus, ganz ruhig und gleichmäßig, ganz von allein. Er ist ruhig, schwer und warm, ruhig, schwer und warm. So liegt er ein Weilchen und ruht sich aus. Er ruht sich aus und fühlt die neue Kraft tief in sich wachsen.

# Entspannung im Zauberwald

148 Hexenmädchen, Kobolde und Zauberer
149 Eine Koboldschachtel voll Perlen
152 Schummelfix sucht Zauberkräuter
157 Schummelfix hat Schulprobleme
160 Der fliegende Teppich
164 In den Burglabors
169 Auf der Tafelplatte
171 Der Stein der Stille

# Hexenmädchen, Kobolde und Zauberer

Im Zauberwald leben viele merkwürdige Wesen. Klecks und Klacks, die beiden Kobolde zum Beispiel. Oder Schummelfix, das Hexenmädchen. Warum sie gerade Schummelfix heißt, das hat seinen guten Grund. Auch einen Zauberer gibt es im Zauberwald und Zauberei in Hülle und Fülle. Nur von der Entspannung haben sie dort noch nichts gehört. Aber das wird sich ändern. Denn nicht nur Besenstiel, die Mutter von Schummelfix, meint, daß sie so etwas gut brauchen könnten. Die folgenden Geschichten erzählen davon.

Die Geschichten können einfach gelesen oder vorgelesen werden, um noch mal an die Entspannung zu erinnern. Wenn vorher noch die Entspannungsformeln (Seite 16) vorgelesen werden, dann eignen sie sich auch als Entspannungsgeschichten, obwohl sie recht lustig sind. Und wer in den bisherigen Geschichten aufgepaßt hat, der kann sagen, ob denn alles mit rechten Dingen zugeht, bei der Entspannung im Zauberwald.

# Eine Koboldschachtel voll Perlen

Stell dir vor, du bist unterwegs im Zauberwald. Die Wipfel der alten Eichen und Buchen rauschen über dir im Wind. Du meinst, ihre Blätter singen zu hören.

„Wind, Wind,
liebes Kind,
saus geschwind
durch hohe Kronen.
Vögel wohnen
im Gezweig.
Windchen, neig
die Äste nieder,
hin und wieder.
Komm, geschwind,
liebes Kind,
Wind, Wind."

Du gelangst an ein Bachbett und springst über die Steine. Am anderen Ufer setzt du dich hin, ins weiche Moos auf einem umgestürzten Baumstamm.
So sitzt du ein Weilchen und sinnst vor dich hin, da hörst du in der Ferne wildes Schimpfen. Es kommt näher, und da sind sie auch schon: Zwei Kobolde springen über einen umgestürzten Buchenstamm und stehen am Bachlauf. „Und jetzt liegt auch noch dieser blöde Bach in der Gegend herum, direkt in unserem Weg", schimpft der eine. Der andere sagt nichts, denn er hat dich entdeckt. Er starrt zu dir herüber und

149

*IM ZAUBERWALD*

stupst den ersten mit einem langen Finger in die Seite. Der schlägt nach dem Finger, aber dann bemerkt er dich auch.

„Wer bist denn du?" fragt er mißtrauisch.

„Das ist ein Menschenkind, das sieht doch ein Blinder", faucht ihn der andere Kobold an.

„Ich bin aber kein Blinder, wie also soll ich das sehen?" faucht der erste zurück.

„Aber es stimmt", sagst du und lachst. „Und wer seid ihr?"

„Ich bin Klecks . . ." – „Und ich bin Klacks." Die Kobolde hüpfen über die Steine.

„Schummelfix sagt", beginnt Klecks, „daß Menschen gar nicht so dumm sind, wie sie aussehen", fährt Klacks fort. „Vielleicht kannst du uns helfen", beendet Klecks ihre Rede.

„Wer ist Schummelfix?" fragst du. „Und wie kann ich euch helfen?"

„Schummelfix ist eben Schummelfix", sagt Klecks. „Außerdem ist sie ziemlich flink auf ihrem fliegenden Besen."

Und sie behauptet immer, sie weiß, was eins und eins ist. Bloß weil sie jetzt bald in die achtzehnte Klasse der Hexenschule kommen soll", ergänzt Klacks seinen Koboldfreund. „Und helfen kannst du uns, wenn du diesen blöden Bach wegträgst . . .", sagt Klecks. „. . . und außerdem diese Perlen hier teilst", ist Klacks wieder an der Reihe. „Aber gerecht", setzt Klecks sofort dazu. „Oder auch ungerecht. Jedenfalls so, daß ich nicht weniger bekomme als Klecks", meint Klacks. Und sie zeigen dir eine Schachtel voll schimmernder Perlen.

## GERECHT TEILEN

„Warum teilt ihr nicht selbst?" fragst du. „Jeder nimmt sich eine Perle, dann kommt der andere dran, dann wieder der erste ..."
„Und wer fängt an?" fragt Klecks. „Außerdem nimmt Klecks immer gleich zwei", klagt Klacks. „Aber nur aus Versehen", faucht Klecks.
„Erst mal müßt ihr euch beruhigen", sagst du. „Ihr seid viel zu aufgeregt, so klappt gar nichts."
„Und wie macht man das, dieses Beruhigen?" fragen beide im Chor.
„Na, setzt euch mal hin, schön aufrecht", erklärst du. „Die Hände legt ihr auf eure Beine, dann fuchteln sie nicht so herum", fährst du fort.
„Und dann achtet auf euren Atem. Achtet bloß auf den Atem ... und bei jedem Ausatmen sagt ihr euch das Wort ‚Ruhe' vor."
Du beobachtest, wie die beiden Kobolde alles gewissenhaft befolgen. „Ruhe", sagen gerade beide. „Aber das ‚Ruhe', das sagt ihr nicht laut, sondern nur in euch selbst hinein, unhörbar", berichtigst du sie.
So sitzen die Kobolde da und achten auf ihren Atem. Nach einer Weile sagst du: „So, jetzt seid ihr ruhiger, jetzt können wir es versuchen. Und wenn ihr wirklich gerecht teilen wollt, dann wird es schon klappen."
„Wollen wir." Die Kobolde nicken dir zu.
Du nimmst die Schachtel und schüttest die Perlen aufs Moos. „Habt ihr noch eine Schachtel?" fragst du dann. „Haben wir." – „Dann gebt sie mal her, und legt sie zu der anderen." Du öffnest die Schachteln. Sie sind nun beide leer. Du legst sie ins Moos, das Häufchen Perlen liegt zwischen ihnen. „Und jetzt fangt an", sagst du. „Nehmt euch abwechselnd immer eine Perle, und legt sie in eure Schachtel." Die Kobolde nehmen von den Perlen. Es geht ganz rasch. Am Schluß ist eine Perle übrig. „Die schenken wir dir", sagen sie beide. „Danke", sagst du. Die Kobolde schließen ihre Schachteln und stecken sie ein. Dann springen sie auf und hüpfen singend am Bach entlang. Bald sind sie zwischen den Bäumen verschwunden. Ihr Singen aber hörst du noch lange.

151

# Schummelfix sucht Zauberkräuter

Du kniest im Zauberwald neben dem Bach und schöpfst dir Wasser mit der hohlen Hand. Kühl schmeckt es und gut. Auf dem Wasserspiegel tanzt dein Gesicht. Du suchst im Murmeln des Baches nach Stimmen. „Vielleicht gibt es hier noch Wassergeister und Nymphen", denkst du dir. Und hör, klingt da nicht wirklich eine Stimme im Bach? Du beugst dich vor, näher dem Wasser zu. Aber dann merkst du, daß die Stimme von hinten kommt. Du drehst dich um.

Ein Mädchen wandert den Bachlauf hoch. Es ist merkwürdig angezogen, mit langen schwarzen Kleidern, die Haare stehen ihm wild vom Kopf. In der einen Hand trägt es einen Besen aus gebundenem Reisig, in der anderen ein Holzkörbchen. Gesehen hat es dich noch nicht, denn es läßt die Augen über den Waldboden schweifen, immer nur vor sich hin. Nun verstehst du auch, was es murmelt:

> „Kräutlein, Kräutlein, nur hinein,
> denn der Korb muß voll bald sein.
> Kräutlein, Kräutlein, laßt euch finden,
> unter Eichen, Buchen, Linden."

„Wachsen denn überhaupt Linden im Wald?" sprichst du das seltsame Mädchen an.

Abrupt bleibt es stehen und meint: „Natürlich wachsen hier Linden. Aber die ganzen Kräuter, die ich heimbringen soll, die sind wohl ausgewandert, per Anhalter nach China. Und dabei muß ich morgen mindestens ein paar Glückskleeblätter in die Schule bringen, weil Krötenbein aus Versehen die ganzen Vorräte in Laubfrösche verhext hat."

„Da wirst du aber noch lange suchen müssen", sagst du und deutest auf den noch fast leeren Korb.

„Es geht nicht ums Suchen, *finden* muß ich sie nur", behauptet das Mädchen.

Du sagst deinen Namen und fragst dann das Mädchen nach seinem.

„Schummelfix heiß' ich", antwortet sie. „Aber frag nicht, warum. Und wenn dir etwas zum Finden einfällt, dann kannst du's ja sagen; über das blöde Suchen weiß ich leider Bescheid."

„Wenn du konzentrierter suchst, dann wirst du auch besser finden", sagst du. „Natürlich nur, wenn überhaupt Kräuter da sind", fährst du dann fort.

„Und wie soll das gehen, dieses ‚konzentrierter'?" fragt Schummelfix.

„Du bist ganz still, atmest tief ein und langsam wieder aus. Bei jedem Ausatmen sagst du dir das Wort ‚Ruhe' vor. Du kneifst einmal fest die Augen zusammen. Und dann sagst du dir noch einen Merkspruch vor, nur für dich, ganz tief in dich hinein: ‚Konzentriert geht's wie geschmiert.' Na, und dann schaust du dich noch mal um, aber langsamer, ruhiger."

IM ZAUBERWALD

„So brauch' ich aber viel länger, bis ich den Bach abgegrast habe",
wendet Schummelfix ein.

„Aber du hast deine Kräuter vielleicht schon viel früher beieinander, so
daß du gar nicht den ganzen Bach absuchen mußt", antwortest du.

„Na gut." Schummelfix setzt sich auf einen Baumstumpf und schließt
die Augen. Du siehst, wie sie sich ganz nach innen konzentriert. Du
merkst, wie gleichmäßig und ruhig ihr Atem geht. Dann macht sie die
Augen wieder auf und kneift sie noch mal fest zusammen. Dann dreht
sie den Kopf, schaut dich an und lächelt. „Ich dachte immer, Menschen
könnten nicht zaubern", meint sie.

„Richtig zaubern können wir natürlich nicht, aber unsere Gedanken be-
wirken schon etwas", antwortest du. „Nicht für die Kräuter, aber für uns
selbst."

Du hilfst Schummelfix suchen, und ein Viertelstündchen später ist der
Korb fast voll. „Mutter wird sich freuen", meint sie. „Komm, wir fliegen
schnell hin."

„Ich kann nicht fliegen", sagst du verlegen. „Ich doch auch nicht",
meint Schummelfix. „Es reicht, wenn mein Besen es kann."

Ein paar Minuten später steht ihr im Hexenhaus. Dir ist ein wenig
schwindlig vom Flug, aber das macht nichts. „Darf ich vorstellen: Das
ist ein Menschenkind." Schummelfix zeigt mit einer Hand auf dich.

„Und das ist meine Mutter. Sie heißt Besenstiel", sagt sie dann stolz.

„Ein seltener Name", meinst du.

„Nur weil ich ein wenig dünn bin", sagt Besenstiel und heißt dich will-
kommen.

„Von wegen bißchen", kichert Schummelfix und dreht sich zu dir herüber. „Als sie einmal im Garten stand und die Beete goß, ringelte sich
doch tatsächlich ein Bohnenpflänzchen an ihr herauf."

„Das war eine Zauberbohne", sagt Besenstiel fest. Sie schnippt mit den

154

*IM ZAUBERWALD*

Fingern und geht hinüber zur Vorratskammer. Dir bleiben die Kinnladen hängen, denn der Kochlöffel dreht sich ungerührt weiter.

„Stört dich der Löffel?" fragt Schummelfix, als sie dich so sieht. Sie schnippt gleichfalls einmal, und der Kochlöffel bleibt stehen. Schummelfix grinst zufrieden. Sie will etwas sagen, da läuft der Topf plötzlich über, das Wasser schwappt auf die Platte und zischt. Dichte Dampfschwaden ziehen durchs Zimmer.

Besenstiel kommt aus der Speisekammer gerannt. Sie nimmt den Topf vom Herd und macht das Fenster auf. Ärgerlich bläst sie ins Durcheinander. Der Rauch verzieht sich sofort gehorsam durchs Fenster.

„Schummelfix, bleib mir mit deiner Zauberei von der Küche weg", schimpft Besenstiel. „Wie oft soll ich dir das noch sagen! Solange ihr im kleinen Hexeneinmaleins erst auf der zweiten Seite seid, bringt das doch nichts! Und was ist überhaupt mit den Kräutern? Hast du die auch wieder vergessen?"

„Da sind sie", sagt Schummelfix und stellt den Korb auf den Tisch. „Das Menschenkind hat mir geholfen. Mit einem Zauberspruch."

„Ich denke, ihr Menschen könnt nicht zaubern?" Besenstiel schaut dich prüfend an.

„Kann ich auch nicht", meinst du. „Nur die Entspannung. Und konzentrieren kann ich mich auch."

„Das ist allerdings etwas, was dir fehlt", meint Besenstiel und blickt Schummelfix scharf an. Dann schaut sie wieder freundlich auf dich.

„Besuch uns doch immer, wenn du im Zauberwald bist. Ich glaube, da können wir noch etwas lernen."

„Gerne", sagst du. Die Tür einer Kuckucksuhr an der Wand springt auf. Der Kuckuck ruft: „Gescheit, gescheit, doch jetzt ist es Zeit!" Alle lachen. Es ist tatsächlich schon spät geworden, und so verabschiedest du dich. Aber du weißt genau, du wirst wiederkommen.

# Schummelfix hat Schulprobleme

Am Bachrand sitzt ihr, und Schummelfix erzählt dir ein wenig von ihren Sorgen. „Weißt du", beginnt sie, „eigentlich gehe ich gern in die Schule, bloß unsere Lehrerin stört mich."

„Nur die Lehrerin?" fragst du und lachst.

„Ja", bestätigt Schummelfix ernst. „Nett ist sie schon, wenigstens manchmal. Sie haut mir fast nie mit dem Lineal auf die Finger, meistens nur den anderen Kindern. Und abgestaubt hat sie mich auch erst ein- oder zweimal."

„Abgestaubt?" fragst du.

„Na, mit dem Besen den Hintern versohlt", erklärt Schummelfix.

„Also bei uns gibt's das nicht", sagst du. „Menschenlehrer dürfen das gar nicht."

„Wie sollen sie euch aber sonst etwas beibringen?" fragt Schummelfix verwundert.

Du mußt lachen.

„Aber das schlimmste ist dieses Stillsitzen", fährt Schummelfix unbeirrt fort.

IM ZAUBERWALD

„Das gibt es an Menschenschulen allerdings auch", gibst du zu.

„Na, dann lernt ihr wenigstens ein bißchen was", meint Schummelfix. „Aber weißt du auch, wie man das macht, dieses Stillsitzen?" fragt sie dann. „Und dann auch noch ruhig sein und zuhören? Alles gleichzeitig! Ich jedenfalls versteh' das nicht."

„Einfach nur ruhig sein, ohne irgend etwas zu machen, ist schwierig. Wenn du aber ruhig sein willst, dann *mach* doch etwas, aber etwas, wobei du gleichzeitig ruhig sein kannst."

„Was soll das sein?" fragt Schummelfix.

„Achte darauf, was die Lehrerin sagt", sagst du.

„Stimmt", meint Schummelfix und nickt überrascht. „Wenn ich aufpasse, bin ich tatsächlich ruhiger. Und auch die Stunde ist viel weniger langweilig. Aber manchmal bin ich auch dann noch aufgeregt. Und immer aufpassen, das kann ich nicht."

„Wenn das einmal gar nicht geht, dann achte auf deinen Atem", sagst du. „Achte darauf, wie er ausströmt und wieder in dich hinein. Und bei jedem Ausatmen sagst du dir das Wort ‚Ruhe' vor. Mach das nicht lang, nur drei oder vier Atemzüge lang, wenn gerade Zeit ist. Dann wirst du ruhiger und kannst wieder besser aufpassen."

„Gut, ich versuch's einmal", meint Schummelfix.

„Nicht bloß einmal", sagst du. „Mach das immer mal wieder. Mach das vor der Stunde, und wenn du ganz unruhig bist und dich nicht konzentrieren kannst, auch in der Stunde. Das hilft. Du mußt nur daran denken."

„Mach' ich", meint Schummelfix. Sie seufzt. „Dann werd' ich hoffentlich auch diese verflixte Aufgabe herausbekommen, die die Lehrerin am Anfang der Stunde immer stellt."

„Was für eine Aufgabe?" fragst du.

Schummelfix nennt sie dir: „Wieviel ist eins und eins?"

Du lachst. „Aber das ist doch einfach", meinst du dann.

„Sagst *du*", meint Schummelfix beleidigt. „Aber ich bin erst in der siebzehnten Klasse, und da sind wir eben noch nicht soweit."

„Aber wenn die Lehrerin das doch jedesmal fragt", sagst du verwundert.

„Na, gestern war es noch zwei, das weiß ich", sagt Schummelfix. „Aber heute?" Sie wirft einen ausgerissenen Strohhalm in den Bach. „Das Wasser läuft schließlich auch den Bach hinunter. Es ist heute anders als gestern."

„Manche Dinge bleiben immer gleich", sagst du und klopfst mit einem Stecken gegen den mächtigen Felsen im Bachbett.

„Das ist aber langweilig", meint Schummelfix. „Und außerdem ... mit ein wenig Hexerei ..." Sie starrt plötzlich auf den Felsbrocken.

„Die Zahlen kannst du nicht verhexen", meinst du.

„Stimmt", meint sie nach einer Weile. „Der ist zu schwer."

„Aber wenn du auf deinen Atem achtest, dann klappt es wenigstens mit dem Stillsitzen", sagst du.

So sitzt ihr noch ein Weilchen am Bach und macht euch dann auf nach Hause. Ein paar Schritte seid ihr gegangen, da dreht sich Schummelfix noch mal um. „Guck mal!" sagt sie mit gespielter Aufregung. Auch du drehst dich um. Der Felsbrocken! Er schaukelt hin und her, und dann schwimmt er los, gemächlich den Bach hinunter.

# Der fliegende Teppich

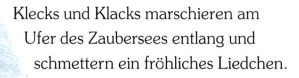

Klecks und Klacks marschieren am Ufer des Zaubersees entlang und schmettern ein fröhliches Liedchen. Schön singen sie nicht, sondern falsch, und die Vögel in den Bäumen flüchten, so schnell sie nur können.

Du sitzt auf der Tafelplatte, einem großen flachen Felsen direkt am Wasser. Gerade hast du dich noch mit der Nymphe des Sees unterhalten, aber als sie die beiden Kobolde singen hörte, ist sie untergetaucht. Nur ein paar Wellenkreise sind noch zu sehen und irgendwo weit drunten das Schimmern von goldenen Haaren.

„Was tragt ihr denn da?" fragst du Klecks und Klacks, damit sie zu singen aufhören.

Die Kobolde bleiben stehen. „Den neuen Teppich für unsere Koboldshöhle", strahlt Klecks. Sie treten auf die Tafelplatte und rollen den Teppich aus. Er ist wunderbar fein gewirkt. Eine Stadt mit Kuppeln und schlanken Türmen ist auf ihm abgebildet. Und am Rande des großen Bildes erzählen einzelne Szenen eine Geschichte.

„Schön", staunst du. Die Kobolde nicken eifrig. „Wo habt ihr den her?" fragst du. „Gibt es im Zauberwald einen Teppichladen?"

„Teppichladen, Teppichladen ... Bei uns wachsen die Teppiche auf den

Bäumen", sagt Klecks großspurig. „Auf den Stangen", verbessert Klacks. „Auf den Teppichstangen", ergänzt Klecks.
„Teppichstangen?" fragst du. „Bohnenstangen kenn' ich, da wachsen Bohnen dran hoch. Aber Teppichstangen?"
„Das sind eben zwei Stangen, und oben ist zwischen denen eine dritte genagelt", erklärt Klecks. „Und über der dritten hängt dann der Teppich", sagt Klacks.
„Und die wachsen hier im Wald?" fragst du ungläubig.
„Überall", prahlt Klecks. „Besonders im Hof der alten Burg, wo der Zauberer wohnt", fällt Klacks eifrig ein.
„Vielleicht wachsen die Teppiche dort aber gar nicht, sondern jemand hat den Teppich nur aufgehängt, um ihn auszuklopfen", meinst du.
„Das kann natürlich auch sein." Die Kobolde nicken und grinsen sich an. „Aber wir haben ihn gerettet", fügt Klecks hinzu. „Vor dem Ausgeklopftwerden", erklärt Klacks.
„Da wird der Zauberer aber Augen machen, wenn er zurückkommt", meinst du.
Die beiden halten erschrocken die Hände vor den Mund.
„Ihr bringt den Teppich wohl besser zurück", sagst du.
„Schade." Die Kobolde seufzen tief. „Er hätte so schön in unsere Höhle gepaßt", meint Klecks. „Fühl mal, er ist so wunderbar weich."
Du setzt dich auf den Teppich. Auch Klecks und Klacks springen hinauf, um dir die Bilder am Teppichrand zu zeigen. „Das ist die Geschichte von einer Prinzessin, die entführt wird", sagt Klecks. „Aber ein Prinz sucht sie und rettet sie aus der Gewalt des bösen Zauberers." Klacks zeigt mit seinem dürren Finger der Reihe nach auf die Runde der Bilder. „Auf einem fliegenden Teppich", beendet Klecks die Geschichte. „Da steigt er hinauf, über das Meer ...", Klacks zeigt noch einmal auf eines der Bilder. Der Teppich unter euch beginnt bei diesen Worten zu zittern

## IM ZAUBERWALD

und zu wackeln. Dann erhebt er sich in die Luft und fliegt über den Zaubersee. Die Kobolde kreischen. Auch du erschrickst tüchtig.

„Abwärts!" schreit Klecks. „Hinauf!" kreischt Klacks gerade noch rechtzeitig, bevor ihr im See landet. „Zurück auf die Tafelplatte!" rufst du dazwischen. Der Teppich schaukelt wild hin und her. Dir wird fast übel, und auch die Kobolde sind plötzlich ganz grün im Gesicht.

„Ganz ruhig", sagst du. „Wir beruhigen uns jetzt alle erst mal, dann beruhigt sich vielleicht auch der Teppich. Ihr wißt es doch noch, das mit dem Atem." Die Kobolde nicken. Ein Weilchen ist es ganz ruhig. Du achtest darauf, wie dein Atem ausströmt und wieder in dich hinein. Bei jedem Ausströmen sagst du dir das Wort „Ruhe" vor, unhörbar, aber ganz tief in dich hinein. Du wirst ganz ruhig. Auch die Kobolde sind ruhig, und der Teppich liegt glatt in der Luft.

Du hebst den Kopf. „Zum Burghof!" sagst du laut. Der Teppich setzt sich in Bewegung. Über die Bäume des Zauberwalds braust er hin, die Hügel hinauf. Auf einer Felskuppe steht die Burg. Der Teppich senkt sich hinab in den Burghof. Dort steht der Zauberer, die Hände in die Seiten gestemmt. Der Teppich landet. Ihr steigt herunter, und die Kobolde hängen ihn geschwind wieder über die Teppichstange.

„Gerade hab' ich meinen Zauberstab geholt", meint der Zauberer und schaut die Kobolde grimmig an. Die Kobolde lachen und versuchen, sich hinter ihren Händen vor seinem Blick zu verstecken. „Glück gehabt", meint Klecks. „Da hättest du uns wohl in fliegende Frösche verwandelt", sagt Klacks. „Oder in steinerne Bäume, wie das letzte Mal", sagt Klecks. „Damit ihr einmal zur Ruhe kommt", antwortet der Zauberer. „Das können wir jetzt viel besser", sagt Klacks stolz. „Das Menschenkind hat es uns gezeigt", erklärt Klacks.

Und so kommt ihr noch einmal davon. Der Zauberer macht mit seinem Stab eine kleine Bewegung, und ihr steht wieder unten am See.

162

# In den Burglabors

Es war eine wilde Fahrt, mit Schummelfix auf ihrem Hexenbesen. Doch nun seid ihr da und folgt dem Zauberer durch die Kellergewölbe der alten Burg. Er zeigt euch sein Reich. „Und das also ist die Folterkammer", brummt er gerade und führt euch in einen neuen Raum. Schummelfix springt gleich interessiert aufs Streckbrett.

„Leider wird es schon lange nicht mehr benutzt", bedauert der Zauberer. „Aber wenn ihr wollt, kann ich es euch vorführen. Ich brauche bloß einen von diesen verflixten Kobolden herzuzaubern und . . ."
Er hebt seinen Zauberstab, aber du sagst, er solle doch lieber darauf verzichten. Schummelfix schaut zwar ein wenig enttäuscht, aber als der Zauberer sagt, daß in den nächsten Räumen seine Labors liegen, springt sie gleich vom Streckbrett herunter.

Als ihr ins Zauberlabor tretet, schaust du dich überrascht um. So hattest du es dir nicht vorgestellt. Sicher, die ganzen Kolben und Röhrchen mit brodelnden Flüssigkeiten, die gibt es. Weißer Rauch zieht über den Boden hin, und in der Ecke steht ein Koboldskelett und grinst euch an. Aber die Bildschirme! Sie nehmen eine ganze Wand des Raumes ein. Auf jedem ist eine andere Szene zu sehen. Einiges davon aus der Zauberburg, aber auch Orte aus dem Zauberwald erkennst du, und da sind sogar Bilder aus einer Menschenstadt.

„Man muß mit der Zeit gehen", brummt der Zauberer, als er deinen überraschten Blick sieht. „Keine Probleme mehr mit bummeligen Fledermäusen. Dafür mit dem Computer", meint er und lacht. „Hier jedenfalls arbeite ich."
Schummelfix springt an einen der Bildschirme. Ihr Hexenhäuschen wird darauf gezeigt. Gerade geht die Türe auf, und eine Gießkanne

164

## ZAUBERSPRÜCHE IM COMPUTER

wandert heraus. Sie wackelt zur Wassertonne, füllt sich selber und gießt dann die Kürbisse. „Besenstiel ist bei der Hausarbeit", murmelt Schummelfix. Sie hackt auf der Tastatur des Computers herum, um eine Sprechverbindung zum Hexenhaus herzustellen. Aber das klappt nicht so recht, denn plötzlich beginnt der Bildschirm zu blinken und erklärt ihr haarklein, was sie alles falsch gemacht hat.

„Schon gut, schon gut, Alfred", brummt der Zauberer, tätschelt die Tastatur und zieht Schummelfix vom Computer weg. Ihr setzt euch an den mächtigen Eichentisch in der Mitte des Raumes. Du mußt zwar erst schlucken, wegen des Menschenschädels, der dort liegt und dich angrinst, aber es geht schon. Alte, zerfledderte Bücher liegen auf dem Tisch. „Meine Zauberbücher", erklärt der Zauberer. „Inzwischen hab' ich sie zwar alle in die Computer eingelesen, aber es tut doch gut, auch noch das alte Leder und Pergament um sich zu haben."

„Und die Computer können nun all die Zaubersprüche?" fragst du.

IM ZAUBERWALD

„Besser als ich", meint der Zauberer. „Aber nur ich weiß, was man mit den Zaubersprüchen dann anfängt", ergänzt er und lacht.
„Aber sag mal", wendet er sich an dich, „ich hab' gehört, du kannst auch zaubern."
„Kann ich gar nicht", stotterst du.
„Ich hab's aber deutlich gehört", meint der Zauberer, „da, über den Bildschirm!" Und er deutet auf den Schirm, auf dem das Hexenhäuschen zu sehen ist.
„Nein, nur die Entspannung", meint Schummelfix. „Das Menschenkind kann dir zeigen, wie man entspannt, wenn man einmal durcheinander ist oder zu aufgeregt oder Angst hat oder so."
„Meine ich doch", brummt der Zauberer. „Willst du mir das zeigen?" wendet er sich wieder an dich.
„Na, du setzt dich einfach hin, hältst den Rücken gerade und auch den Kopf. Wenn es geht, schließt du die Augen. Deine Füße stehen fest auf

ENTSPANNUNG FÜR DEN ZAUBERER

dem Boden, und die Hände läßt du am besten auf den Oberschenkeln liegen", erklärst du. Du merkst, daß sich eines der alten Bücher von selbst geöffnet hat. Ein Federkiel taucht in ein Tintenfaß und schreibt alles mit, was du sagst. Und über einen der Computerbildschirme huschen Buchstaben und Worte, so wie du sie sprichst.
„Und das ist dann die Entspannung?" fragt der Zauberer.
„Nein, so sitzt man für die Entspannung am besten", erklärst du.
„Wie ein König", fällt Schummelfix ein.
„Deshalb nennt man das auch den Königssitz", sagst du. „Wenn du nun etwas Zeit hast, dann machst du eine längere Entspannung. Du sagst dir innerlich vor: ‚Ich bin ruhig.' Und du stellst dir vor, wie du ruhig bist. Und dann sagst du dir innerlich vor: ‚Ich bin schwer.' Und du stellst dir vor, wie du schön schwer bist, deine Arme, deine Beine, dein ganzer Körper. Und dann sagst du dir innerlich vor: ‚Ich bin warm.' Und du stellst dir vor, wie dir angenehm warm ist, in den Armen, in den

167

*IM ZAUBERWALD*

Beinen, im ganzen Körper. Du stellst dir vor, wie die Wärme durch deinen Körper strömt. Das alles machst du, wenn du Zeit hast, immer mehrmals hintereinander.

Und dann achtest du auf deinen Atem. Du sitzt nur da und achtest auf deinen Atem – aber ohne ihn zu verändern. Du achtest nur darauf, wie er aus dir herausströmt und wieder in dich hinein, aus dir heraus und wieder hinein, ganz ruhig und ganz von allein. Das machst du ein Weilchen – und dann reckst und streckst du dich, um wieder ganz frisch zu sein."

„Und wenn ich nicht soviel Zeit habe?" fragt der Zauberer und spielt mit seinem Zauberstab.

„Wenn du nicht soviel Zeit hast, dann setzt du dich auch so hin, aber du achtest nur auf deinen Atem. Und bei jedem Ausatmen sagst du dir das Wort ‚Ruhe' vor, in dich hinein, unhörbar. Und du stellst dir vor, wie du ruhig bist. Das andere läßt du dann weg. Nur das Recken und Strecken am Schluß nicht."

„Wunderbar", murmelt der Zauberer. „Hochinteressant", sagt er dann laut. „*Hoch*interessant." Da zischt es plötzlich von einem Seitentisch. Einer der Glaskolben ist übergelaufen. Eine grünliche Flüssigkeit tropft auf den Boden. Beißender Qualm steigt auf. Ihr springt auf. „Ach, diese Zauberei", jammert der Zauberer. Plötzlich scheppert aus dem Nebenraum ein Blecheimer herein und schüttet einen Schwall Wasser über das Unglück. Das Feuer erlischt. Der Qualm aber wird noch dichter. Ihr flieht aus den Kellergewölben wieder hoch, in den Burghof.

„Das kann mit der Entspannung nicht passieren", sagst du lachend.

„Ich werd' sie jedenfalls gleich einmal ausprobieren", brummt der Zauberer. „Und meinen Hausgeistern kann sie wohl auch nicht schaden."

Ihr lacht. Dann setzt du dich zu Schummelfix auf ihren Besenstiel, und in rasender Fahrt geht es wieder zurück nach Hause.

# Auf der Tafelplatte

„Ja, Schwächen haben wir viele", sagt Klecks stolz.

„Und überhaupt keine Stärken", prahlt Klacks.

„Wir sind nicht so wie andere Leute", erklärt Klecks das genauer. „Jeder will immer der Beste und Größte und Schönste und Schnellste sein. Wir aber sind einfach, wie wir halt sind."

„Aber ihr behauptet doch auch oft, die Größten und Stärksten zu sein und die Schnellsten", sagst du.

„Aber nur, weil wir gern prahlen", sagt Klecks. „Wirklich die Größten und Stärksten, das wollen wir nicht sein", ergänzt Klacks.

„Aber hier und da könnte man doch ein wenig besser sein, sogar ihr zwei", meinst du zweifelnd.

„Vielleicht, vielleicht, hier und da, einmal im Jahr", meint Klecks und grinst dich an.

„Beim Fischessen im Herbst zum Beispiel", überlegt Klacks. „Das letzte Jahr hab' ich nur ein Dutzend Fische geschafft, dann wurde mir schlecht. Es wäre doch schön, wenn ich dieses Jahr zwei Dutzend schaffen würde, bevor ich spucken muß."

„Noch viel besser wäre es doch gewesen, wenn du vorher hättest aufhören können zu essen. Vor dem Spucken, meine ich", sagst du.

„Aber dann hätten wir anderen nicht soviel zu lachen", meint Klecks und erntet einen wütenden Blick von Klacks.

„Jedenfalls mußt du überlegen, was du eigentlich willst", sagst du.

IM ZAUBERWALD

„Genau überlegen. Und wenn du das überlegt hast, dann überlegst du, was du dafür tun kannst, damit es auch klappt. Denn von allein passiert nun einmal das wenigste auf der Welt. Jedenfalls nicht das, was man selbst will."
„Aber immerhin wächst das Gras von selbst", meint Klecks.
„Und die Wolken ziehen über den Himmel, ohne daß jemand dafür sorgen muß", sagt Klacks.
„Wegen dem, was von selbst geschieht, macht sich keiner Gedanken", sagt du. „Aber wenn du etwas möchtest, was *nicht* von selbst geschieht, dann heißt es überlegen. Und wenn du weißt, was genau du denn willst, dann hilft dazu oft auch Entspannung oder ein Merkspruch."
„Konzentriert geht's wie geschmiert", sagt Klecks.
„Oder: Mit Mut geht's gut", fällt Klacks ein.
So plaudert ihr ein wenig auf der Tafelplatte am Zaubersee. Du läßt die Beine über dem Wasser baumeln. Und endlich seid ihr dann still und lauscht nur noch nach dem Wind, der über den See streicht. Wellen brechen sich sanft am Stein. Vom Schilf her ruft ab und zu ein Vogel. Und von tief drunten klingt er erst leise, dann immer mächtiger herauf, der dunkle Ton der Stille, voll Ruhe und Kraft.

# Der Stein der Stille

Du gehst mit Schummelfix durch den Zauberwald. In euren Weidenkörbchen sammelt ihr Pilze für Besenstiels Zauberrezepte. Schummelfix legt in ihres die Fliegenpilze, du in deines die eßbaren. Gerade als du eine besonders schöne Rotkappe erspäht hast, hört ihr leise Schreie. Aus einer Höhlung unter dem Felsbrocken bei der alten Eiche graben sich Erdzwerge heraus und laufen entsetzt davon. „Hilfe, Hilfe!" rufen sie. Schummelfix packt einen der fliehenden Zwerge am Kragen und fragt: „Was ist denn los? Sind eure Schatztruhen übergequollen? Oder hat sich eine Maus in eure Höhlen verirrt?"
„Keine Maus, der schwarze Drache ist da! Hilfe!" zetert der Zwerg. Das kommt euch schon komisch vor. Den Drachen des Zauberwalds kennt ihr gut. Der wohnt am Pfefferstein, ist grün und sehr freundlich.
„Der schwarze Drache, der schwarze Drache ...", stammelt der Wurzelzwerg immer wieder voll Angst.
„Wir helfen euch ja", meint Schummelfix. „Aber wie kommen wir in eure Gänge hinein? Sie sind doch so eng."
Der Erdzwerg beruhigt sich etwas und führt euch zu einem Geheimeingang. „Aber verratet uns nie", flüstert er und zeigt euch den Spalt hinter dem Wasserfall. „Von dort geht ein großer Gang direkt bis in unsere Haupthöhle. Da paßt ihr hindurch."
Du drückst dich mit Schummelfix an der Steinwand entlang. Vom Felsen über euch schießt der Waldbach hinunter ins Tal. Und da öffnet sich der Fels. Der Spalt ist nicht groß, aber ihr macht euch dünn und seid schon hindurch. Ihr tastet euch gebückt an silbern schimmernden Felswänden entlang. Das ist das einzige Licht. Noch eine Biegung und noch eine, dann steht ihr in der Haupthöhle des Erdzwergenreichs.

*IM ZAUBERWALD*

Die Höhle ist riesig. Und in ihr liegt die Erdzwergenstadt. Schlanke Türme erheben sich hoch über den Boden, weitgespannte Kuppeln spiegeln das strahlende Licht von den goldenen Adern der Wände. Paläste liegen vor euch, Gärten mit silbernen Bäumen und Edelstein- äpfeln, Brunnen aus Diamant. Du reibst dir die Augen.

In der Mitte der Stadt liegt eine gewaltige Kugel. Ein Netz aus Blitzen ist ihre Hülle. Drinnen faucht der schwarze Drache. Immer wieder stößt er nach vorn und will durchbrechen, aber noch hält ihn das Netz der Blitze zurück. Vor der Kugel haben sich Hunderte von Erdzwergen aufgestellt. Sie tragen Armbrüste, Schilde und Steinschleudern. Ihr lauft rasch hin- unter. Zwei Zwerge bringen euch zum König der Stadt. Er steht neben dem Zwergenheer und berät sich mit seinen Generälen.

„Hilfe von oben, wunderbar", sagt er, als ihr vor ihm steht. „Die Hülle wird den schwarzen Drachen nicht mehr lange zurückhalten. Und wenn er durchbricht, ist unsere Stadt nur sein erstes Ziel. Der Zauberwald ist das nächste. Also helft uns!"

„Wie habt ihr denn dieses Netz aus Blitzen gemacht?" fragst du.

„Das ist nicht gemacht, das ist ein Netz um den stillen Stein. Dem stillen Stein verdanken wir unsere Kraft. Er ist die Quelle all unseres Lebens. Dort liegt er, im Zentrum des Netzes. Alle tausend Jahre einmal, so heißt es, entspringt ihm das Böse und stellt uns auf die Probe. Bis zum Abend haben wir Zeit. Wenn es uns bis dahin nicht gelungen ist, den schwarzen Drachen zu besiegen, dann erlischt die Kraft des Steines, der Drache bricht aus, und wir alle müssen sterben."

Du schaust dir den dick gepanzerten Drachen an. „Eure Armbrüste werden ihm nicht viel anhaben können", meinst du. „Wie habt ihr ihn denn das letzte Mal besiegt?"

„Wir wissen es nicht", sagt der Zwergenkönig und breitet hilflos die Arme aus. „Tausend Jahre! Das ist eine unendliche Zeit."

172

DER DRACHE IN DER KUGEL

IM ZAUBERWALD

Du schaust auf die blitzende Kugel und den Drachen, der sich gerade wieder geifernd dagegen stürzt. Entsetzt weicht das Zwergenheer zurück. „Und drinnen ist nur ein Stein?" fragst du.
„Der Stein der Kraft und der Stille", antwortet der König gefaßt.
„Und der Stein gibt euch Leben?"
„Ja", antwortet der König. „Er gibt, und er nimmt – wenn wir den Drachen nicht besiegen."
„Und doch kommt auch der Drache von dort, aus dem Stein", murmelst du. „Tief innen ist alle Kraft drinnen", meinst du dann laut. „Der Stein will es sagen."
Ein Gemurmel geht durch die Reihen der Erdzwerge. „Das kenne ich aus einem alten Märchenbuch", ruft ein Zwergenkind laut über die Schildträger hinweg. Es nimmt einen Stock und geht auf die Kugelblitzhülle zu. Als der Drache das sieht, zittert und wankt er. „Tief innen ist alle Kraft drinnen" – wie eine Woge läuft der Spruch durch die Reihen der Zwerge. Du merkst, wie ein Ruck durch die kleinen Gestalten geht.

*Wenn alle zusammenhelfen*

Sie fassen sich ein Herz und rücken gegen den bebenden Drachen vor. Das Zwergenkind ist an der Hülle angekommen. „Tief innen ist alle Kraft drinnen", ruft es noch mal und schlägt mit dem Stock gegen die Hülle aus Blitzen. Zischend fällt sie in sich zusammen. Der Drache wird kleiner und kleiner. Er wird in den Stein zurückgezogen, dem er entsprang. Bald ist es vorbei. Du stehst mit Schummelfix und dem König der Zwerge neben dem matt schimmernden Stein.
„Gutes und Böses", sagt der König, „alles liegt tief im eigenen Herzen. Und wenn das Böse einmal hervortritt, und das muß es doch, dann gilt es, sich daran zu erinnern."
„Als das Kind vorgetreten ist, hat der Drache gezittert", sagt Schummelfix. „Besiegt wurde er aber erst, als ihr euch ihm alle zusammen entgegengestellt habt."
„So ist es", sagt der König und lächelt.
Ihr bleibt noch ein wenig in der Stadt der Erdzwerge und feiert euren Sieg. Dann geht ihr fröhlich nach Hause.

# LITERATURVERZEICHNIS

*Cratzius, Barbara:* Gute GuteNacht-Geschichten. Südwest Verlag, München 1995.

*Friebel, Volker, Andrea Erkert und Sabine Friedrich:* Kreative Entspannung im Kindergarten*. Lambertus, Freiburg 1993.

*Friedrich, Sabine & Volker Friebel:* Entspannung für Kinder. Übungen zur Konzentration und gegen Ängste*. Rowohlt Taschenbuch Verlag, Reinbek 1989 (64. Tsd. 1995).

*Friedrich, Sabine & Volker Friebel:* Gute Nacht, kleiner Traumbär. Schlaf- und Einschlafhilfen für Kinder, Eltern und Erzieher*. Musikbär-Verlag, Schriesheim 1991 (3. Auflage 1994; begleitend dazu erschien eine gleichnamige Musikkassette).

*Friedrich, Sabine & Volker Friebel:* Einschlafen, Durchschlafen, Ausschlafen. Ruhigere Nächte für Eltern und Kinder*. Rowohlt Taschenbuch Verlag, Reinbek 1993 (20. Tsd. 1995).

*Friedrich, Sabine & Volker Friebel:* Nur Mut, kleiner Bär*. Musikbär-Verlag, Schriesheim 1994 (begleitend dazu erschien eine gleichnamige Musikkassette).

*Kruse, Waltraut:* Einführung in das autogene Training mit Kindern. Deutscher Ärzte-Verlag, Köln-Lövenich 1980 (2. Auflage 1992).

*Maschwitz, Gerda & Rüdiger Maschwitz:* Stille-Übungen mit Kindern*. Ein Praxisbuch. Kösel, München 1993.

*Müller, Else:* Du spürst unter deinen Füßen das Gras. Autogenes Training in Phantasie- und Märchenreisen. Vorlesegeschichten*. Fischer Taschenbuch, Frankfurt am Main 1983 (13. Auflage 1992).

*Müller, Else:* Träumen auf der Mondschaukel. Autogenes Training mit Märchen und Gute-Nacht-Geschichten*. Kösel, München 1993.

*Neumann, Udo:* Autogenes Training für Kinder. Südwest Verlag, München 1995.

*Rücker-Vogler, Ursula:* Yoga und Autogenes Training mit Kindern: Anleitungen, Übungen, Märchen für Kindergarten und Grundschule*. Don Bosco Verlag, München 1989 (2. Auflage 1991).

*Schenk, Christoph:* Autogenes Training für Schulkinder. Das praktische Anleitungsbuch mit kindgerechten Übungen. Heyne Taschenbuch, München 1992.

*Teml, Helga & Hubert Teml:* Komm mit zum Regenbogen. Phantasiereisen für Kinder und Jugendliche*. Veritas, Linz 1991 (2. Auflage 1992; Begleitkassette erhältlich).

* Diese Bücher enthalten (auch) Entspannungsgeschichten für Kinder.

## Weiterbildung

Für Menschen, die berufsmäßig mit Kindern zu tun haben, sei es im therapeutischen Bereich, in der Schule oder in anderen Institutionen, bietet der Autor gemeinsam mit einer Kollegin Wochenendseminare zur Entspannung bei Kindern an. Auch Interessenten an einem Wochenendseminar zur Einführung in verschiedene Entspannungweisen für Erwachsene (nicht nur für Fachmenschen) wenden sich bitte schriftlich an: Volker Friebel, Denzenbergstr. 29, 72074 Tübingen (nur Postadresse)